1,50

SCHOKOLADE

Charbonnel et Walker
Assorted Plain Chocolates
LOVE
XX
LOVE
XX

SCHOKOLADE

DAS HANDBUCH FÜR GENIESSER

Chantal Coady

evergreen

EVERGREEN is an imprint of
Benedikt Taschen Verlag GmbH

The Chocolate Companion. A Connoisseur's Guide to the World's Finest Chocolates was first published in 1995 by
The Apple Press, 6 Blundell Street, London N7 9BH

Übersetzung aus dem Englischen
(für Agents-Producers-Editors):
Karin Hirschmann, Gütersloh
Redaktion und Satz der deutschen Ausgabe:
Agents-Producers-Editors, Overath
Umschlaggestaltung: Angelika Taschen, Köln

Printed in Slovakia
ISBN 3-8228-7596-1

DANKSAGUNG

Mein aufrichtiger Dank gilt den folgenden Personen:
Robert Linxe für seine Weitsicht und Inspiration;
Jessica Rosenberg, deren Sprachbegabung bei den Recherchen zu diesem Buch sehr hilfreich war; Laura Sandelson, meiner Lektorin, für ihre Geduld und Ermutigung; Gerard Ronay, den wir bei der Arbeit fotografieren durften;
Kai und Ana-Luisa Rosenberg, die uns Zugang zu ihrer Kakaoplantage gewährten und uns ihr umfangreiches Wissen und ihr Fotomaterial zur Verfügung stellten, und schließlich allen Schokoladenherstellern, die unendlich viel Zeit und Mühe darauf verwendet haben, uns mit Informationen und Schokoladen- bzw. Pralinenproben zu versorgen.

Inhalt

Vorwort 6

Erster Teil

Die Welt der Schokolade 7

Die Herstellung von Schokolade 16

Schokoladensorten 23

Dunkle Schokolade • Milchschokolade • Weiße Schokolade •

Bio-Schokolade • Füllmassen für Pralinen •

Die Beurteilung von Schokolade 30

Zweiter Teil

Das Pralinen-Verzeichnis 32

Manuelle Herstellung 33

Mittelgrosse Betriebe 126

Grossbetriebe 152

Register 192

Vorwort

Schokolade hat in meinem Leben stets eine wichtige Rolle gespielt, und so komme ich gern der Bitte von Chantal Coady nach, das Vorwort zu ihrem Buch zu schreiben. Ich bin sicher, daß dieses Buch alle Erwartungen der Leser in bezug auf Schokolade und Pralinen erfüllt, ist Schokolade doch ein weltweit heißgeliebtes Erzeugnis.

Schokolade kann mit allerlei Vorzügen aufwarten: Da ist zunächst ihre Rolle als Energiespender mit einem hohen Gehalt an Magnesium, Kalium, Vitamin A sowie Theobromin, einem natürlichen Antidepressivum, das die Stimmung hebt und somit ein probates Mittel gegen schlechte Laune ist. Hinzu kommt noch der Reiz, den Erzeugnisse höchster Qualität auf den Gourmet ausüben. Die Qualität der Schokoladenerzeugnisse wird von der Herkunft der Kakaobohnen, der Herstellung der Kuvertüre und schließlich von der Kreation feiner Pralinen bestimmt. Für ein ausgewogenes Geschmackserlebnis, das dem Gaumen schmeichelt, bedarf es nicht nur größter Disziplin und Aufmerksamkeit, sondern auch der Liebe und Begeisterung, ohne die nichts Großes oder Schönes entstehen kann.

Es ist nicht leicht, ein hochwertiges Produkt herzustellen. Ich selbst habe so manches Opfer gebracht, weil ich mich weigerte, Kompromisse bei der Qualität einzugehen. Doch man hüte sich vor Mittelmäßigkeit.

Ich gratuliere Chantal Coady zu diesem fabelhaften Ratgeber.

Mit den besten Wünschen

ROBERT LINXE

Paris

im März 1995

Die Welt der Schokolade

Kaum jemand, der heutzutage in ein Stück Schokolade beißt, weiß, daß diese süße Versuchung auf die Azteken zurückgeht und ihre Einführung in Europa mit viel Blutvergießen und rücksichtsloser Ausbeutung verbunden war.

Im Namen der spanischen Krone landete im Jahre 1519 der *conquistador* Hernán Cortez mit mehreren hundert Männern, Pferden und einigen Kanonen an der Küste von Veracruz. Als die Spanier die Azteken-Hauptstadt Tenochtitlán erreichten, standen sie der Kultur, die sie dort vorfanden, zunächst sprachlos gegenüber. Doch schon wenig später hatten sie die Reichtümer geplündert und das jahrhundertealte Reich in Schutt und Asche gelegt. So fand die blutrünstige Herrschaft Montezumas ein Ende, wie es die aztekische Mythologie prophezeit hatte, wenn auch nicht durch den Gott Quetzalcóatl, sondern durch die höchst irdischen Spanier.

Cortez verließ die schwelenden Ruinen von Tenochtitlán (heute Mexiko-Stadt) mit einem immensen Wissen über die aztekische Kultur, die er zerstört hatte. Ganz besonders faszinierte ihn ein seltsames Gebräu, das die Azteken als »Xocolatl« bezeichneten und das er schließlich in seiner Version am königlichen Hof Karls V. einführte. Vor ihm hatte bereits Columbus das mit Pfeffer gewürzte aztekische Getränk aus Kakaobohnen den Katholischen Majestäten Ferdinand und Isabella schmackhaft zu machen versucht, doch der bittere Geschmack hatte kein Gefallen gefunden. Gut zwanzig Jahre später gelang es Cortez, die Aufmerksamkeit des

Der Aztekenherrscher Montezuma

königlichen Hofes für das traditionelle Kakaogetränk zu wecken, und zwar durch die Zugabe von etwas Zucker und Vanille und nicht zuletzt durch die Verbreitung von Anekdoten, denen zufolge Montezuma nach dem Genuß des heiligen Trunkes goldene Becher in den See zu werfen pflegte.

Das Kakaogetränk, das man Cortez am Ende der üppigen Bankette zu seinen Ehren am Hofe Montezumas angeboten hatte, unterschied sich erheblich von Trinkschokolade, wie wir sie heute kennen. *Xocolatl* heißt soviel wie »herbes Wasser«. Sollten Sie je Gelegenheit haben, das Innere einer Kakaobohne zu probieren, werden Sie das auch verstehen. Die Azteken mischten die getrockneten, gerösteten und gemahlenen Kakaobohnen mit Chilies, Nelken und Zimt und gaben noch Maismehl als Bindemittel für die fettige Kakaobutter dazu.

Zu festlichen Anlässen wurden Riesenmengen an Xocolatl benötigt, oft an die tausend Becher pro Nacht. Man bereitete das Getränk krügeweise aus vorgefertigten Blöcken der Kakaomasse zu - einer primitiven Form der Schokoladentafel. Aus spanischen Aufzeichnungen geht eindeutig hervor, daß Montezuma Xocolatl als Stärkungsmittel und Aphrodisiakum einsetzte. Allerdings war das kostbare Gebräu allein den Männern vorbehalten.

Nur die höheren Kreise kamen in den Genuß der Trinkschokolade, die als ›flüssiges Gold‹ bezeichnet wurde. Die Kakaobohnen dienten auch als Zahlungsmittel: Ein Kaninchen kostete vier Bohnen, nächtlicher Damenbesuch zehn Bohnen und ein Sklave einhundert Bohnen.

Die Kakaopflanze wurde damals nur in den feucht-warmen Niederungen im Westen der Halbinsel Yucatán angebaut, und zwar von den Maya, die seit etwa 1200 n. Chr. Untertanen der Azteken waren. Botaniker gehen davon aus, daß die ersten Kakaobäume vor etwa 4000 Jahren im Schatten der tropischen Regenwälder des Orinoco- und Amazonasbeckens wild wuchsen und erstmals von den Maya kultiviert wurden, als diese sich im 7. Jahrhundert n. Chr. auf der Halbinsel Yucatán niederließen. Die Azteken, denen die Maya tributpflichtig waren, trieben ihre Steuern unter anderem in Form von Kakaobohnen ein, die sie auf dem kühlen, trockenen Hochland nicht selbst kultivieren konnten.

Kommerzieller Anbau

Ursprünglich waren Cortez und seine Männer nach Mexiko aufgebrochen, um das sagenumwobene Eldorado zu suchen. Als sie es nicht fanden, plünderten sie die Schatzkammern der Azteken, die den Eroberern allerdings nicht die erhofften Reichtümer brachten. Da die Kakaobohnen in ihrem Reich als Zahlungsmittel fungierten und die Azteken dem daraus gewonnenen Getränk zudem stärkende und aphrodisische Eigenschaften nachsagten, verfiel Cortez auf den Gedanken, das ›flüssige Gold‹ wirtschaftlich zu nutzen. So ließ er von Mexiko bis nach Trinidad und Haiti große Kakaoplantagen anlegen und soll auf einer seiner Reisen nach Spanien den Anbau sogar auf einer Insel vor der Küste Westafrikas angeordnet haben. Von hier aus gelangte die Pflanze 1879 an die damals britische Goldküste. Noch heute zählen Lateinamerika und Westafrika zu den Hauptanbaugebieten.

Zu Beginn der Kolonialisierung der Neuen Welt durch die Spanier wurde ein Großteil der zur Arbeit auf den Plantagen gezwungenen einheimischen Bevölkerung durch westliche Krankheiten dahingerafft, und die Spanier mußten anderweitig neue Arbeitskräfte beschaffen. Die Kolonisten lösten das Problem durch Sklaven aus Afrika, die im Kakaoanbau bald schon ebenso unentbehrlich waren wie auf den Zukker- und Baumwollplantagen in den anderen Gegenden Amerikas. Noch im 17. und 18. Jahrhundert herrschte in Brasilien und Venezuela ein Mangel an Arbeitskräften.

Auch Peru und die Kleinen Antillen waren wichtige Erzeugergebiete, doch von Anfang an unterlag der nach Spanien und Mexiko ausgeführte Kakao einer Besteuerung, denn die spanische Krone war nicht weniger berechnend als einst die Azteken.

Mexikanische Ureinwohner bei der Zubereitung von »Xocolatl«

Europäische Vorlieben

Die Illustration aus Diderots »Enzyklopädie« zeigt eine primitive Kakaopresse sowie den Röst- und Mahlvorgang der Kakaobohnen.

In den ersten hundert Jahren nach seiner Entdeckung durch die Europäer blieb der Kakao hauptsächlich den oberen Zehntausend vorbehalten: Nur die Adligen am Hof des Vizekönigs in der Neuen Welt sowie im Mutterland Spanien konnten sich diesen Luxus leisten. Dieses Monopol währte jedoch nur bis zur ersten Hälfte des 17. Jahrhunderts. Über die Habsburger (der römisch-deutsche Kaiser Karl V. war als Karl I. zugleich König von Spanien) gelangte die Kunde vom Trinkkakao nach Deutschland, Österreich und Flandern und schließlich auch nach Frankreich. Der Kaufmann Antonio Carletti, der die Trinkschokolade auf einer Geschäftsreise durch die spanischen Kolonien in Amerika entdeckte, brachte den Kakao 1606 nach Italien. Die Reaktionen in den einzelnen Ländern waren unterschiedlich. So titulierte der Engländer John Parkinson das Getränk in einem Bericht als »eher für Schweine geeignet«. Kaum jemand, der das Gebräu von 1640, eine Mischung aus Kakaobohnen, Zucker, Zimt, Chili, Nelken, Blauholz (eine Art Fenchel) und Anis heute probieren würde, hätte wohl etwas gegen diese wenig schmeichelhafte Beschreibung einzuwenden. Es wird sogar von holländischen Piraten berichtet, die ganze Schiffsladungen von Kakaobohnen in die Karibik warfen, weil sie sie für Schafdung hielten.

Mit der Heirat zwischen Anna von Österreich und dem französischen König Ludwig XIII. wurde 1615 ein französisch-spanisches Bündnis besiegelt, das 1660 seine Fortsetzung fand, als der Sonnenkönig Ludwig XIV. Maria Theresia ehelichte. Ihre Zofe wurde eigens aus Spanien herbeigeholt, um der Königin in ihren Gemächern heiße Schokolade zuzubereiten und trug den Spitznamen »La molina« nach dem Rühr-

»Das Schokoladenmädchen« des Schweizer Künstlers J.-E. Liotard

stab *molinillo*, mit dem bereits die alten Azteken den Trunk schaumig aufgeschlagen hatten. Eine weitere große Veränderung im politischen Geschehen bahnte sich im Jahr 1711 an, als der römisch-deutsche Kaiser Karl VI. seinen Hofstaat von Madrid nach Wien verlegte. Mit den Höflingen kam die spanische Vorliebe für Schokolade nach Wien. Die Stadt wurde berühmt für ihr üppig bemessenes Schokoladengetränk und später auch für einen Schokoladenkuchen aus dem Hotel Sacher, die feine Sachertorte.

Etwa um 1650 erreichte die Schokolade London, wo sie wenig später unter der Herrschaft des lebenslustigen Königs Karl II. rasch Verbreitung fand. Auch Henry Stubbe, einer der königlichen Leibärzte, kannte ihre Vorzüge. Er wußte schon damals von zwei Sorten zu berichten: von gewöhnlicher und königlicher Schokolade. Letztere zeichnete sich durch einen hohen Kakaoanteil unter Zugabe von relativ wenig Zucker aus.

Die Schokolade, die um 1660 am spanischen und englischen Hof getrunken wurde, hatte bereits eine gewisse Ähnlichkeit mit unserer heutigen Trinkschokolade: Man verzichtete weitgehend auf die Gewürze, aber noch immer war das Getränk recht ölig. In Spanien wurden umgerechnet etwa 30 g Schokolade mit 60 g Zucker und einem Viertelliter Wasser gemischt, erhitzt und dann schaumig gerührt. Die moderne Variante der spanischen Schokolade »a la piedra« (mit Steinmühlen verarbeitete Trinkschokolade in Tablettenform) enthält wie einst bei den Azteken Mais- oder Reismehl. In Frankreich wurde das Wasser oft zur Hälfte durch Milch ersetzt, während man den braunen Trunk in englischen Schokoladenstuben entweder mit Milch oder mit Ei zubereitete.

Im 18. Jahrhundert stieg der Schokoladenkonsum in Europa sprunghaft an. Allerdings konnten sich nur wohlhabende Bürger diesen

Kinder erfreuen sich an heißer Schokolade, Gemälde aus dem späten 18. Jahrhundert

Genuß leisten, da Kakao ein teurer Rohstoff blieb. In England und Deutschland wurde der Import hoch besteuert, was dazu führte, daß gepanscht wurde: Findige Händler streckten den Kakao mit Stärke, gemahlenen Kakaoschalen, ja selbst mit zermahlenen Backsteinen. In Deutschland wurde daher in den 70er Jahren des 19. Jahrhunderts der Verband deutscher Schokoladenfabrikanten gegründet, zu dessen Hauptaufgaben die Förderung von Qualitätsprodukten gehörte. Seine Mitglieder verpflichteten sich unter Androhung hoher Konventionalstrafen, die Reinheitsvorschriften streng zu beachten. Damit waren die Voraussetzungen für das heute noch gültige Reinheitsgebot für Schokolade geschaffen.

Der Siegeszug der Schokolade ließ sich nicht aufhalten. Um die Jahrhundertwende stand Deutschland an der Spitze der kakaoverbrauchenden Länder, und der jährliche Konsum pro Kopf war seit Mitte des Jahrhunderts um das vierzehnfache gestiegen. Kakao und Trinkschokolade wurden für jedermann erschwinglich und hatten sich zu einem einträglichen Wirtschaftszweig entwickelt. Viele Namen der ersten Unternehmer im Kakaogeschäft sind heute bekannte Handelsmarken wie Hershey, Cadbury, Fry, Rowntree, Reber und Stollwerk. Sie alle stehen in der Schuld der Schweizer Pioniere Cailler, Suchard, Peter, Nestlé, Lindt und Tobler.

Gründungsväter der Schweizer Schokoladenindustrie:

François-Louis Cailler

Daniel Peter

Henri Nestlé

Rodolphe Lindt

Der amerikanische Markt

›Big Business‹ ist seit jeher das Kennzeichen der amerikanischen Schokoladenindustrie. Erstmals hörte man in Nordamerika wahrscheinlich Mitte des 18. Jahrhunderts von Schokolade. Es gilt als sicher, daß die erste Fabrik 1765 von Dr. James Baker und John Hannon in Massachusetts errichtet wurde. 1780 gründete Bakers Enkel Walter die Walter Baker Company, und seit dieser Zeit ist »Baker's« ein Gütesiegel für amerikanische Schokolade. An der Westküste dagegen wurde ein anderer Name zum Inbegriff für gute Schokolade: »Ghirardelli«. Domenico Ghirardelli begann bescheiden als Händler und versorgte vor allem die Goldwäscher seiner Region mit Lebensmitteln. Später spezialisierte er sich auf Schokolade und importierte ab 1885 jährlich die riesige Menge von 200 Tonnen Kakaobohnen für seine Schokoladenfabrik in Kalifornien. Die Gebäude am Ghirardelli Square sind heute eine große Touristenattraktion. Eine der alten Fertigungsanlagen ist sogar noch in Betrieb. Doch die wohl bekannteste Schokoladenmarke in den Vereinigten Staaten ist die von Milton Hershey. Der Quäker und Karamellen-König der Ostküste verkaufte Ende des letzten Jahrhunderts seine Bonbonfabrik für 1 Million Dollar und erbaute nach dem Vorbild von Cadbury eine Schokoladenfabrik mit einem Dorf für seine Arbeiter in Hersheyville. Dieser weitsichtige Unternehmer war der erste, der Milchschokolade mit Nüssen herstellte. Auch seine Experimente mit gehärteten Pflanzenfetten erwiesen sich als Pioniertat. Hershey war es auch, dem es gelang, den Schmelzpunkt der Schokoladentafel so zu erhöhen, daß sie selbst der Hitze eines amerikanischen Sommers standhielt und der kämpfenden Truppe im Zweiten Weltkrieg als Marschverpflegung geschickt werden konnte. Daß es in diesen Zeiten nötig war, möglichst günstig und mit keinem allzu hohen Qualitätsanspruch zu produzieren, ist sicher verständlich. Doch sollte sich die heutige Großindustrie auch bei der Produktion von Billigschokolade an anderen Maßstäben messen lassen.

Die Halbbitter-Schokolade und der Kakao von Ghirardelli

Europäischer Erfindungsreichtum

Die Amerikaner nutzten schon früh die technischen Errungenschaften, die die industrielle Revolution in Europa hervorbrachte. Die für die Schokolade entscheidende Erfindung war die von C. J. van Houten entwickelte Kakaopresse. Eine ähnliche Vorrichtung aus der Zeit vor van Houten ist in Diderots »Enzyklopädie« zu sehen: Die Abbildung (s. S. 10) zeigt ein Gerät, mit dem die Kakaobutter aus dem Kakaobruch herausgepreßt wird. Übrig bleibt der Preßkuchen, der nur noch zu Pulver verarbeitet werden muß.

Van Houten besaß den nötigen Geschäftssinn, sich seine Erfindung 1828 von Wilhelm I., dem König der Niederlande, patentieren zu lassen. Dank eines von ihm entwickelten Verfahrens, dem *dutching* (bei dem die Zugabe von Pottasche das Kakaopulver besser löslich macht) katapultierten sich die Niederländer in die vorderste Linie der Schokoladenproduzenten. Die Engländer waren anfangs noch entsetzt über diese Erfindung, da sie die Kakaobutter für einen unverzichtbaren, weil nährstoffreichen Bestandteil des Kakaos hielten. Schon bald kauften aber auch sie die Maschinen aus Holland und boten das verfeinerte Kakaopulver als »reinen, unverfälschten Extrakt« an.

Conchier-Maschine von Rudolphe Lindt

Es dauerte nicht lange, bis diverse Kakaoproduzenten mit der Herstellung von Tafelschokolade begannen. Im nachhinein mutet es seltsam an, daß van Houtens Erfindung der ersten Schokoladentafel vorausging: Es ist nämlich ohne weiteres möglich, Schokolade herzustellen, ohne zuvor die Kakaobutter zu entziehen. Als Mitte des 19. Jahrhunderts die ersten Schokoladentafeln auf den Markt kamen, war man allerdings noch ein gutes Stück von der heutigen Milchschokolade entfernt. Diese sehr feine Form ist eine Erfindung aus der Schweiz und geht auf die Entwicklung der Kondensmilch zurück: Henri Nestlé war es als erstem gelungen, mittels eines neuen Verfahrens Milchpulver herzustellen. Sein Partner Daniel Peter experimentierte weiter und hatte im Jahre 1875 schließlich den erhofften Erfolg: Die Milchschokolade war erfunden! Sie wurde unter dem Namen »Peter's« vertrieben und blieb viele Jahre lang der Maßstab für Milchschokolade in Europa.

Quäker als Großunternehmer

Die Cadburys war neben den Frys, den Terrys und den Rowntrees eine der großen Quäker-Familien, die in das Schokoladengeschäft einstiegen. Sie sahen in der Schokolade vor allen Dingen eine nahrhafte und gesunde Alternative zum Gin, den sie als drohende Gefahr aus Holland bewerteten. Unter anderem verdanken wir ihnen, daß der Konsum von Kakao und Schokolade nicht länger ein Privileg der Reichen und Adligen blieb, sondern für alle Bevölkerungsschichten erschwinglich wurde.

Diese Industriellen aus der Glaubensgemeinschaft der Quäker taten sich vor allem durch die Schaffung von vorbildlichen Arbeitsplätzen und Wohnungen für ihre Beschäftigten hervor. Da die anglikanische Staatskirche in England den Quäkern den Zugang zu den großen Universitäten sowie eine Tätigkeit in den Bereichen Medizin und Recht verwehrten, bot ihnen die Industrie die Möglichkeit, mit der ihnen eigenen enormen Energie zu Werke zu gehen und mit den erzielten Gewinnen für ihre Vorstellungen zu werben, wie man bessere Arbeitsbedingungen verwirklichen könne. Ironischerweise wurde allerdings ein Großteil dieser Gewinne mit dem Kakao erzielt, den Sklaven in Westafrika kultivierten. Als ein Journalist 1908 darauf hinwies, strengten die Cadburys eine Verleumdungsklage gegen ihn an und gewannen in einem spektakulären Verfahren. Etwas Gutes hatte die Sache jedoch: Die Arbeitsbedingungen auf den Kakaoplantagen wurden endlich ein wenig verbessert.

Ein frühes Werbeplakat für »Fry's Pure Cocoa«

Der Zauber der Schokolade

Was im ausklingenden 19. Jahrhundert begann, hat sich bis heute fortgesetzt: Schokolade ist zu einem festen Bestandteil des täglichen Lebens in allen Bevölkerungsschichten der westlichen Welt geworden.

Im Burenkrieg (1899–1902) und während der Weltkriege halfen die Schokoladenrationen, die Moral der Truppen und der Bevölkerung aufrecht zu erhalten. Und wer Roald Dahls berühmten Roman »Charlie und die Schokoladenfabrik« gelesen hat, kann sich bestimmt leicht in den stets hungrigen Charlie Bucket hineinversetzen, der immer genüßlich an seiner Schokolade knabbert, und die wunderbaren Erlebnisse dieser Figur im Willy-Wonka-Schokoladenland nachvollziehen.

Die Herstellung von Schokolade

Der Kakaobaum

Der Botaniker Carl von Linné gab dem Kakaobaum seinen Namen: *Theobroma*, »Speise der Götter« – ein Hinweis darauf, daß Kakao bzw. Schokolade selbst einen eingefleischten Wissenschaftler zu verzaubern vermochte. Möglicherweise hatte Linné bei der Namensgebung die Rolle des Kakaos in den aztekischen Ritualen im Sinn oder auch die ihm nachgesagten aphrodisischen Eigenschaften.

Der ursprünglich in den Regenwäldern des Amazonas heimische Kakaobaum wächst heute in den tropischen Gebieten bis zu etwa 20 Grad nördlicher und südlicher Breite. Das Klima in diesem Gürtel ist ausreichend warm und feucht. Doch neben hohen Temperaturen und Niederschlagsmengen benötigt der Kakaobaum auch Schatten und verträgt keine direkte Sonneneinstrahlung. Im Regenwald wächst er unter den Baumriesen, und in modernen Plantagen ist man inzwischen dazu übergegangen, die Baumreihen mit Kokospalmen und Bananenstauden aufzufüllen, die die Kakaobäume vor zuviel Sonne schützen sollen. Außerdem bieten sie der gegen Wind recht anfälligen Pflanze Schutz. Gleichzeitig erleichtert dieses die Ernte, da die Kakaobäume im Schatten nur etwa sechs Meter hoch wachsen.

Unter günstigen Bedingungen blüht der Kakaobaum das ganze Jahr über und trägt immer Früchte. Die zunächst grünen Früchte verfärben sich mit der Reife je nach Sorte von grüngelb bis zu rot, werden etwa 30 Zentimeter lang und enthalten bis zu 50 in das weiße Fruchtfleisch eingebettete Samenkörner, die sogenannten Kakaobohnen. Zweimal im Jahr wird geerntet: Die Haupternte beginnt gegen Ende der Regenzeit und dauert bis zur Trockenzeit. Zu Beginn der nächsten Regenzeit erfolgt dann eine zweite, kleinere Ernte. Man schlägt die Früchte vorsichtig mit der Machete ab, ohne die Bäume zu verletzen, da sonst Krankheitserreger durch die beschädigte Rinde eindringen können. Die Ernte ist harte Arbeit und wird meist sehr schlecht bezahlt.

Mitte: *Reife Kakaofrucht*

Aufbereitung der Früchte

Nach der Ernte werden die Kakaofrüchte mit der Machete aufgeschlagen. Das weiße Fruchtfleisch, die sogenannte Pulpa, wird zusammen mit den Kakaobohnen in Bottiche gefüllt. Dank der zuckerhaltigen Pulpa setzt recht schnell ein Gärungsprozeß ein: Bei Temperaturen um 45 °C zersetzt sie sich, wobei die Keimlinge durch den entstehenden Alkohol abgetötet werden und die Bohnen ihre Bitterstoffe verlieren. Übrig bleiben die fermentierten hellbraunen Kakaobohnen, die etwa die Größe von Mandelkernen haben. Während der Fermentation entwickeln die Bohnen ihre typischen Aroma- und Geschmacksstoffe.

WELTKARTE MIT DEN KAKAOPRODUZIERENDEN LÄNDERN

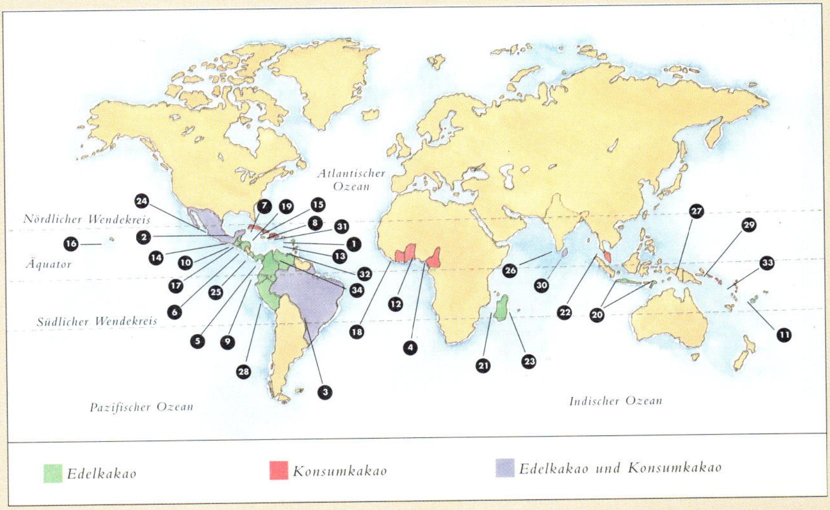

1. *Barbados*
2. *Belize*
3. *Brasilien*
4. *Kamerun*
5. *Kolumbien*
6. *Costa Rica*
7. *Kuba*
8. *Domin. Republik*
9. *Ecuador*
10. *El Salvador*
11. *Fiji-Inseln, West-Samoa*
12. *Ghana*
13. *Grenada*
14. *Guatemala*
15. *Haiti*
16. *Hawaii*
17. *Honduras*
18. *Elfenbeinküste*
19. *Jamaica*
20. *Java und Timor*
21. *Madagaskar*
22. *Malaysia*
23. *Mauritius*
24. *Mexiko*
25. *Panama*
26. *Teile v. Kerala (Indien)*
27. *Papua Neu-Guinea*
28. *Peru*
29. *Solomon-Inseln*
30. *Sri Lanka*
31. *Santa Lucia*
32. *Trinidad*
33. *Vanuatu*
34. *Venezuela*

Ein Plantagenarbeiter entnimmt den reifen Kakaofrüchten das Fruchtfleisch mitsamt den Bohnen.

Kakaobohnen fermentieren unter Bananenblättern.

Im nächsten Schritt werden die Bohnen einige Tage an der Sonne getrocknet. In manchen Gegenden, insbesondere dort, wo häufig plötzliche Regenschauer auftreten, werden die Kakaobohnen auch in Öfen getrocknet. Da sie sehr leicht Fremdgerüche annehmen, kann der Rauch des Brennmaterials allerdings einen so durchdringenden Geschmack erzeugen, daß bereits winzige Mengen rauchiger Bohnen genügen, um eine Schokoladenproduktion komplett zu verderben. So erstaunt es nicht, daß zum Beispiel der französische Schokoladenhersteller Valrhona aus dem Rhônetal grundsätzlich keine ofengetrockneten Bohnen kauft.

Fermentierte und getrocknete Kakaobohnen fertig zum Verschiffen

Nach dem Trocknen sind die Samenkörner auf ein Viertel ihres Erntegewichts geschrumpft und werden in 50-Kilo-Säcke verpackt und verschifft.

Der Löwenanteil der Weltkakaoproduktion wird von wenigen multinationalen Konzernen vermarktet. Allerdings sind auch nur sehr wenige Schokoladenhersteller in der Lage, die Qualität der verwendeten Bohnen wirklich zu kontrollieren. Sie sind darauf angewiesen, die Plantagen, auf denen die besten Bohnen kultiviert und verarbeitet werden, ausfindig zu machen – und natürlich wissen die Produzenten um ihre Qualität und lassen sie sich entsprechend bezahlen.

Die Schokoladenfabrik

In der Schokoladenfabrik angekommen, werden die Bohnen sorgfältig gereinigt und sortiert. Anschließend röstet man sie mild wie Kaffeebohnen, damit sie ihr volles Aroma entfalten. Dabei werden minderwertige Bohnen mit höheren Temperaturen behandelt, um Mängel zu verdecken. Für jede Bohnensorte, die in einer bestimmten Schokolade Verwendung findet, erfolgt ein separater Röstvorgang.

Jede Schokolade – auch Billigschokolade – wird aus einer Mischung verschiedener Kakaobohnensorten, die wie beim Wein »Cuvée« genannt werden, hergestellt. Ebenfalls aus der Weinproduktion entlehnt ist der Begriff »Cru«, der ein begrenztes Anbaugebiet meint, das in der Regel sehr hochwertige Erträge liefert. Die Steigerung »Grand Cru« dagegen wurde von dem erwähnten französischen Schokoladenfabrikanten Valrhona geprägt und bezeichnet eine Plantage, von der nur die erlesensten Kakaobohnen stammen. Valrhonas »Grand-Cru«-Schokoladen werden mit besonders großer Sorgfalt hergestellt, um eine stets gleichbleibende Qualität zu gewährleisten.

Nach dem Rösten werden die Bohnen von Keimen und Schalen befreit, so daß nur der Kern übrigbleibt. Nun kann die eigentliche Herstellung von Kakao oder Schokolade beginnen. Die Bohnenkerne kommen ins sogenannte Brechwerk, wo sie zunächst grob zerhackt und anschließend mit Walzen fein zermahlen werden. Bei der Weiterverarbeitung gibt es nun zwei Wege, die zu verschiedenen Endprodukten führen. Für die Produktion von Qualitätsschokolade einerseits benötigt der Hersteller zusätzlich Kakaobutter. Wahrscheinlich verkauft er aber auch Kakaopulver zum Kochen, Backen und für Kakaogetränke. Deshalb verfährt er folgendermaßen: Die gemahlenen Kakaobohnen werden hydraulischen Pressen zugeführt, unter deren Druck die Kakaobutter schmilzt. Aus der dickflüssigen, öligen Kakaorohmasse wird ein Großteil des Fettes abgepreßt, und übrig bleibt der Kakaokuchen, der dann fein zu Kakaopul-

Grober Kakaobruch

Verarbeitung der Kakaomasse

ver zermahlen und gesiebt wird. Bei der zweiten Methode zur Herstellung von Schokolade gibt man der Kakaomasse je nach Rezept Zukker, weitere Kakaobutter, natürliches Vanillearoma oder künstliches Vanillin, Lecithin als Emulgator und gegebenenfalls Milch- bzw. Sahnepulver zu und vermengt die Zutaten in einer Mischmaschine. Die so entstehende Schokoladenmasse ist noch sehr grob und erhält durch die weitere Verarbeitung in Walzwerken einen höheren Feinheitsgrad. Damit die Schokolade später im Mund schmilzt, muß die Masse nun den sogenannten Conchen zugeführt werden. Das Conchieren ist eine Form der Endveredelung, die 1879 der Schweizer Rodolphe Lindt erfand. Der Name leitet sich von der Form des muschelförmigen Troges ab, in dem Granitwalzen die Schokoladenmasse ununterbrochen bewegen, bis sie eine homogene, samtig-weiche Struktur besitzt und ihre Einzelbestandteile auf der Zunge nicht mehr spürbar sind. Beim Conchieren werden zudem durch die ständige Belüftung der Schokoladenmasse noch verbliebene Bitterstoffe abgebaut. Je nach Schokoladenrezeptur dauert dieser Prozeß zwischen zwölf und 96 Stunden. Der letzte Schritt bei der Schokoladenherstellung ist das Temperieren. Dazu wird die Schokoladenmasse bei etwa 50 °C komplett geschmolzen, um die kristalline Struktur der Kakaobutter aufzubrechen. Die flüssige Schokoladenmasse wird sodann zur erneuten Einleitung der Kristallisation auf etwa 30 °C abgekühlt und schließlich nochmals leicht erhitzt, um die regelmäßige Anordnung der Kristalle in Ketten zu ermöglichen. Durch das Temperieren erhält die fertige Schokolade einen abgerundeten Geschmack, bekommt einen seidigen Glanz und bleibt länger haltbar.

Natürlich gibt es viele Varianten dieser hier beschriebenen Verarbeitungsmethoden, aber die Grundschritte vom Rohkakao zur Schokolade sind immer dieselben. Erwähnt sei aber die ungewöhnliche Methode des französischen Chocolatiers Bernachon aus Lyon, der die Aufbereitung der Bohnen, das Trocknen, Rösten, Schälen und das Conchieren der Schokoladenmasse, schon vor Ort vornimmt.

Schokoladenmasse beim Conchieren

Große Blöcke aus reiner Kakaobutter

Zutaten der Schokolade

Dunkle Schokolade (Bitterschokolade) besteht aus den Rohstoffen Kakaobohnen und Zucker. Die Hersteller edler Schokoladen haben ihren Teil dazu beigetragen, daß es heutzutage ›in‹ ist, über die Kakaoanteile in einer Tafel Schokolade zu reden – dabei ist es durchaus möglich, minderwertige Schokolade mit einem hohen Kakaogehalt herzustellen. Meiner Meinung nach ist Schokolade mit mehr als 85 % Kakaoanteilen ungenießbar; der optimale Wert liegt wohl zwischen 55 und 75 %. Von größerer Bedeutung ist jedoch die Qualität der Bohnen und der Zuckeranteil. Hier zeigt sich echtes Können, aber wahrscheinlich spielen auch wirtschaftliche Überlegungen eine maßgebliche Rolle. Zucker ist nämlich fünfmal billiger als Kakaobohnen und über zehnmal so preiswert wie Kakaobutter.

Wie beim Kaffee werden auch beim Kakao zwei Grundsorten unterschieden: Criollo- und Forastero-Kakao. Der dünnschalige Criollo-Kakao (das spanische Wort bedeutet »einheimisch«) wird vorwiegend in Venezuela, in der Karibik, auf den Inseln des Indischen Ozeans und in Indonesien angebaut. Diese Sorte ist seltener, anfälliger gegen Klimaschwankungen, milder und feiner im Aroma und macht höchstens 10 % der Weltproduktion aus. Die kleinen Bäume tragen lange, mittelgroße, tief gefurchte Früchte, die am Ende spitz zulaufen.

Der vorwiegend in Afrika und Brasilien angebaute Forastero-Kakao (»Fremdling«) ist der Kaffeesorte Robusta vergleichbar. Die Bohnen haben dickere Schalen und stammen von widerstandsfähigeren und ertragreicheren Bäumen. Forastero-Kakao gilt als Konsumkakao. Sein Aroma ist bitterer und herber, und er muß stärker geröstet werden, damit seine Mängel nicht so sehr ins Gewicht fallen. Aufgrund der hohen Rösttemperaturen schmeckt und riecht dunkle Schokolade immer ein wenig verbrannt. Hersteller, die etwas auf sich halten, geben ihren Kakaomischungen stets eine kleine Menge Forastero-Bohnen bei, da sie der Schokolade einen volleren Geschmack verleihen, während der edle Criollo-Kakao bei guter Schokolade für eine feine Säure und damit für Ausgewogenheit und Raffinesse sorgt.

Wenn eine dunkle Schokolade weniger als 50 % Kakaoanteile besitzt, kann man davon ausgehen, daß sie nicht zu den hochwertigen Produkten zählt. Entweder ist sie zu süß, oder die Kakaobutter wurde teilweise durch pflanzliche Fette und andere Kakaobutter-»Verstärker« (wie sie oft beschönigend genannt werden) ersetzt. Auf die Frage, warum die Kakaobutter ersetzt wird, haben die Branchenriesen gleich mehrere Erklärungen parat: um die Haltbarkeit zu verbessern oder auch um den Schmelzpunkt zu erhöhen. Ein anderer Grund ist zweifellos finan-

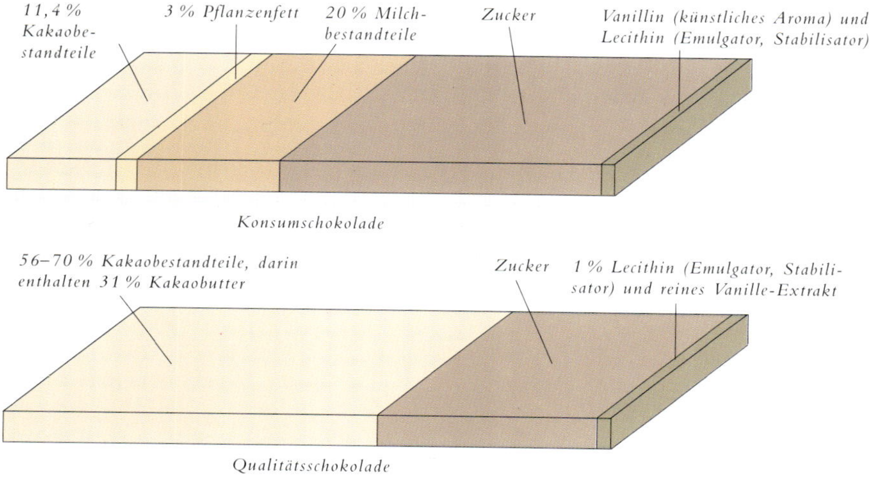

Zwei Schokoladentafeln mit den jeweiligen Zutaten

zieller Art, denn Kakaobutter gehört auch zu den begehrten Rohstoffen der Kosmetikindustrie. Das einzigartige Fett beginnt erst bei Körperwärme zu schmelzen und bildet damit den idealen Trägerstoff für Lippenstifte und Cremes. Genau dieser Aspekt der Kakaobutter sorgt beim Verzehr der Schokolade für den zarten Schmelz, der sich nicht adäquat ersetzen läßt. Deshalb klebt eine billige Konsumschokolade pappig am Gaumen oder zwischen den Zähnen. Außerdem sorgt die Kristallstruktur der Kakaobutter dafür, daß gute Schokolade beim Abbrechen eines Stückchens hart knackt. Dunkle Schokolade mit weniger als 50 % Kakaoanteilen ist unweigerlich zu süß. Der Pariser Chocolatier Michel Chaudun weist darauf hin, daß ein wenig Zucker den Geschmack hebt, zuviel davon ihn aber zerstört.

Eine weitere Zutat der Schokolade ist Vanille, und das bereits seit der Zeit, als Cortez die Trinkschokolade am spanischen Hof einführte. Bei Herstellern guter Schokolade ist Vanille ein Muß, die Mehrzahl der Produzenten ersetzt sie jedoch durch das synthetisch hergestellte Vanillin.

Weiterhin wird heute fast jeder Tafelschokolade während des Conchierens Lecithin zugefügt, das als Emulgator und Stabilisator wirkt. Es soll vor allem die Konsistenz und die Haltbarkeit der Schokolade verbessern.

Schokoladensorten

Bislang war hauptsächlich von dunkler, bitterer Schokolade die Rede, und das hat seinen Grund. Ein echter Schokoladenkenner sollte meines Erachtens bei der Auswahl edler Spezialitäten diesen Schokoladentyp bevorzugen. Dieses Kapitel zeigt allerdings die ganze Schokoladenvielfalt, angefangen bei dunklen Schokoladentäfelchen bis hin zu zukkersüßen Creme- oder Fondantpralinen. Die Qualität von Tafelschokolade wird im wesentlichen vom Kakaogehalt bestimmt: Je mehr Kakaomasse verwendet wird, desto herber, bitterer und kräftiger ist der Schokoladengeschmack. Wie bereits erwähnt, ist die Mischung der Kakaobohnen dabei sehr wichtig. Ziehen wir noch einmal den Kaffee zum Vergleich heran: Ein Kaffee, der mit zehn Löffeln Kaffeepulver aufgebrüht wird, schmeckt nicht unbedingt besser, als ein Kaffee, der nur mit fünf Löffeln aufgebrüht wurde, wenn man mehr Aroma und nicht nur stärkeren Kaffee haben will. Deshalb stehen für mich Valrhonas Grand-Cru-Schokoladen ganz oben auf der Liste der Bitterschokoladen.

Helle, dunkle und weiße Kuvertüre von Valrhona aus Frankreich

Dunkle Schokolade

Grand Cru

Der Begriff wurde 1986 von Valrhona geprägt, und zwar für die dunkle Kuvertüre Guanaja, die ausschließlich aus südamerikanischen Kakaobohnen hergestellt wird. Inzwischen wurde eine Schokolade mit karibischem Trinitario-Kakao (»Pur Caraïbe«) und eine Schokolade aus reinem Criollo-Kakao (»Manjari«) entwickelt. »Cacaos fins« ist die französische Bezeichnung für edle Kakaobohnen wie Trinitario und Criollo. Trinitario ist eine Kreuzung aus Criollo und Forestaro-Bäumen und ergibt feine Kakaos mit hohem Fettgehalt. Auch einige Milchschokoladen werden als Grand Cru bezeichnet, doch sollte man sich vor billigen Imitationen hüten.

Bitterschokolade

Zu dieser Kategorie zähle ich Schokolade mit einem Kakaogehalt von mehr als 85 %, die nicht unbedingt zum direkten Genuß geeignet ist. Die amerikanische Gesundheitsbehörde FDA (Food and Drug Administration) beschreibt dieses Halbfabrikat als Kakaomasse, die keinen Zucker, aber natürliche oder künstliche Aromastoffe enthalten darf. Nur eingeschworene Liebhaber werden an dieser Schokolade Gefallen finden. Normalerweise dient sie jedoch als Koch- oder Backschokolade.

Extrabitter (Extra Amer)

Hierzu rechne ich Schokolade mit 75 bis 85 % Kakaoanteilen. Das ist die oberste Grenze dessen, was ich für genießbar halte.

Edelbitter (Amer)

Als Edelbitter-Schokolade bezeichne ich jede Schokolade mit einem Kakaoanteil zwischen 50 und 70 %. Alle Grand-Cru-Schokoladen fallen in diese Kategorie. Mit abnehmendem Kakaoanteil wird die Schokolade immer süßer.

Zartbitter bzw. Halbbitter

In Deutschland liegt der Kakao-Anteil dieser Schokolade bei mindestens 50 %. Dieser Schokoladentyp ist unabhängig von der Sorte der Kakaobohnen sehr süß, es sein denn, die jeweilige Marke weist wesentlich mehr als den vorgeschriebenen Mindestkakaogehalt auf.

Halbsüss

Ein gängiger Begriff in den USA. Dieser Typ ist zwischen zartbitter und süß einzuordnen und entspricht am ehesten dem Kakaogehalt von Cadbury's Bournville, einer der wenigen dunklen Schokoladentafeln, die in ganz Großbritannien und Irland erhältlich sind.

SÜSS

Hierzu rechne ich Schokolade mit einem Kakao-Anteil von mindestens 15 %. Allerdings muß man sich fragen, woraus diese Schokolade eigentlich besteht, wenn der Anteil an Kakaomasse so gering ist. Dunkle Qualitätsschokolade wie Valrhonas Schokolade »Manjari« enthält zum Beispiel 64,5 % Kakaomasse und 35 % Zucker.

KUVERTÜRE

Kuvertüre ist eine Schokoladenüberzugsmasse (frz. *couverture* = Decke), die von Chocolatiers und Konditoren als ein Rohstoff wie viele andere auch verwendet wird. Sie ist aber nicht mit der Fettglasurmasse zu verwechseln, die als Überzug für Billigbackwaren dient und nur ein Imitat von Schokoladenmasse ist. Der Kakaogehalt dieser Kuchenglasur ist so gering, daß sich ein Vergleich mit Kuvertüre von vornherein verbietet, denn diese muß mindestens 31 % Kakaobutter enthalten, also gut das Doppelte von dem, was in einer gewöhnlichen Tafel Schokolade verarbeitet ist. Chocolatiers und Konditoren verwenden bevorzugt Kuvertüre, weil sie sich durch einen seidigen Glanz und gutes Fließverhalten auszeichnet.

Gute Kuvertüre ist in Lebensmittelläden oder Supermärkten normalerweise nicht erhältlich, weil sie fast nur von Profis verwendet wird. Wenn Sie jedoch gern mit Schokolade kochen oder aber Ihre eigene Schokolade herstellen möchten, sollten Sie sich nach einer Bezugsquelle für Qualitätskuvertüre umsehen. Meines Erachtens bietet die französische Schokoladenfabrik Valrhona die beste Kuvertüre an, aber viele Chocolatiers bevorzugen die Produkte von Callebaut (Belgien) oder Cacao Barry (Frankreich), und einige stellen sogar ihre eigene Kuvertüre her.

Die Wahl der Kuvertüre ist eine Frage des Geschmacks. Ich bevorzuge Kuvertüre aus Edelkakaobohnen mit natürlichem Vanille-Aroma und meine, daß die Schokoladenmasse entsprechend lange conchiert worden sein sollte, damit keine Bitterstoffe mehr vorhanden sind.

Probetäfelchen Kuvertüre der belgischen Schokoladenfabrik Callebaut

Milchschokolade

Milchschokolade spiegelt am ehesten die geschmacklichen Vorlieben des jeweiligen Landes wider. Diese Geschmacksrichtung ist seit jeher eine Spezialität der Schweizer. Sie haben die Milchschokolade erfunden und produzieren noch heute einige der edelsten Sorten. Das Mischen der Bohnen für Milchschokolade erfordert nicht soviel Sorgfalt wie eine Mischung für dunkle Schokoladen.

Je nach den verwendeten Milchprodukten unterscheidet man zwei Grundtypen von Milchschokolade. Auf dem europäischen Festland arbeiten die meisten Schokoladenhersteller in Anlehnung an das Originalverfahren von Peter und Nestlé mit Milchpulver und Kondensmilch, während die Produzenten in Großbritannien und den USA überwiegend eine Mischung aus Trockenmilch und Zucker verwenden, die an der Luft trocknet. Der ausgeprägte Geschmack von Hershey's Milchschokolade, der auch als »käsig« bezeichnet wird, ist das Ergebnis der Enzymaktivitäten während die Milch getrocknet wird.

Gute Milchschokolade zeichnet sich dadurch aus, daß sie angenehm mild nach Kakao schmeckt und die Schokolade butterweich im Mund schmilzt, ohne pappig am Gaumen zu kleben.

Belgische Milchschokolade ist in der Regel milder und süßer im Geschmack als die aus der Schweiz. Die Sorte Côte d'Or schmeckt fast ›käsig‹. In Frankreich hat die Schokoladenfabrik Valrhona neue Maßstäbe gesetzt. Pierre Hermé, Schokoladenmeister bei Fauchon, bezeichnet die Jivara Lactée von Valrhona als eine ausgefeilte Schokoladen-Kreation. Der Prototyp der Milchschokolade in Großbritannien ist Cadbury's, die mit Milchpulver hergestellt wird. In der Schweiz sind die weltberühmten Schokoladenfabrikanten Lindt, Suchard, Nestlé und Tobler ansässig, doch aufgrund multinationaler Verknüpfungen ist Lindt das einzige Unternehmen, das noch ausschließlich auf Schokolade und Schokoladenerzeugnisse spezialisiert ist. Angesichts der weltweit nur noch geringen Produktion von Qualitätsbohnen stellt sich die Frage, ob diese Schokoladenhersteller wirklich noch den hochwertigen Criollo-Kakao für ihre Milchschokolade verwenden. Schweizer Milchschokolade war einst berühmt für ihr feines Aroma, doch heute schmeckt sie, soweit ich es beurteilen kann, nicht sehr überzeugend, wobei ich hier die Schokolade von Lindt deutlich ausnehmen möchte. Von Hershey als einem Vertreter der amerikanischen Geschmacksrichtung war bereits die Rede. Der andere große amerikanische Schokoladenproduzent, Ghirardelli, ist eher für seine dunkle Schokolade bekannt, stellt aber auch sehr süße, leicht klebrige Milchschokolade her.

Weiße Schokolade

Diese Sorte ist eine Mischung aus Kakaobutter, Zucker und Milch, und die Unterscheidung zwischen guter und minderwertiger Schokolade fällt noch schwerer als bei den übrigen Sorten. Auch weiße Schokolade sollte nicht pappig am Gaumen kleben, nicht übermäßig süß sein und sich sauber brechen lassen. Ich bevorzuge weiße Schokolade als Überzugmasse für Früchte, weil die süße Schokolade einen perfekten Ausgleich zur Obstsäure schafft.

Bio-Schokolade

Bei der herkömmlichen Kakaoproduktion kommen Pestizide und Kunstdünger zum Einsatz, und die größte Sorge der Plantagenbesitzer sind Pilze, die sich in den feucht-warmen Tropen stark vermehren. Den besten Schutz davor bieten widerstandsfähige Hybridzüchtungen, die allerdings den Nachteil haben, daß sie weniger aromatische Kakaobohnen liefern. Sogenannte Bio-Schokolade wird aus diesen geschmacklich minderwertigen Kakaobohnen hergestellt. In Großbritannien bietet die Firma Green and Black's verschiedene Sorten an, von denen die Organic Mint Chocolate mittlerweile auch in Deutschland erhältlich ist. Auch die Firmen Barnhouse, Allos und Naturata haben Bio-Schokolade in ihrem Sortiment.

Einige Plantagenbesitzer in Caracas planen, in absehbarer Zeit eine Bio-Schokolade aus venezolanischen Bohnen aus kontrolliert-biologischem Edelkakao-Anbau auf den Markt zu bringen.

Füllmassen für Pralinen

Die nachfolgende Liste erhebt keinen Anspruch auf Vollständigkeit, denn Chocolatiers sind überaus erfinderisch und bringen immer wieder neue Kreationen hervor. Eine Auswahl edler Pralinen-Spezialitäten enthält aber stets einige der nachstehenden Füllmassen.

GEKOCHTER ZUCKER

Diese Pralinenkerne bestehen unter anderem aus Weichkaramellen, Buttertoffee und Fudge auf der Basis von Zucker und Glucose. Butter und andere Milchprodukte sorgen für Abwechslung in der Konsistenz. Füllungen aus gekochtem Zucker erfreuen sich in Großbritannien, den USA und auch in Belgien großer Beliebtheit.

CREME UND FONDANT

Diese Füllungen werden aus Zukker, Wasser und Glucose hergestellt. Der Zuckersud enthält häufig Fruchtstückchen und andere Aromen. Nach dem Eingießen werden die Fondantkörper mit temperierter Kuvertüre überzogen.

KROKANT

Krokant bezeichnet eine knusprige Masse aus karamelisiertem Zucker und zerkleinerten Mandeln oder Haselnüssen. Leider hat es sich teilweise und vor allem in den angelsächsischen Ländern eingebürgert, ersatzweise Erdnüsse zu verwenden. In diesem Fall spricht man von »Nuß-Krokant«. Den besten Krokant, den ich je gegessen habe, stellt die italienische Firma Caffarel in Turin her.

GIANDUJA

Hierfür werden fein gemahlene Mandeln oder Haselnüsse und Zucker mit dunkler oder heller Schokolade vermischt. Diese Mischung wird auch als Noisette angeboten.

MARZIPAN

Es besteht aus Puderzucker (⅓) und fein gemahlenen Mandeln (⅔). Der Pralinenkern wird mit temperierter Schokolade überzogen.

PRALINÉ

Dieser Kern hat große Ähnlichkeit mit Gianduja, wird aber mit heller oder dunkler Schokolade überzogen. Das Verfahren war in Belgien so beliebt, daß es zum Oberbegriff für eine belgische Pralinensorte mit süßem, cremigem Kern wurde.

Weisser Nougat

Weißer Nougat, auch bekannt als Nougat-Montélimar, ist eine Spezialität aus der gleichnamigen südfranzösischen Stadt. Es ist eine Mischung aus geschlagenem Eiweiß, gekochtem Zucker oder Honig mit Nüssen und kandierten Früchten.

Trüffel, Palet und Ganache

Sie bringen die Qualität einer dunklen Schokolade am besten zur Geltung. Ganache oder Pariser Creme ist eine Mischung aus Sahne und Kuvertüre im Verhältnis von etwa 1:2. Für einfache Trüffel wird die Masse zu Kugeln gerollt und anschließend in Kakaopulver, Puderzucker oder fein gehackten Nüssen gewälzt. Normalerweise erhalten die Trüffel aber einen Überzug aus temperierter Schokolade. Ein Palet oder Palet d'or ist die flachere Version eines Trüffels. Ganachepralinen können in temperierte Schokolade bzw. Kuvertüre getaucht und dann über eine mit Blattgold gesprenkelte Marmorplatte gezogen werden, damit die charakteristischen Linien auf der Schokolade entstehen. Die Kunst der Trüffelbereitung besteht darin, eine leichte, schokoladige Ganache herzustellen, die die Kuvertüre abrundet oder sie gut ergänzt.

Lagerung und Präsentation

Damit Pralinen frisch bleiben, müssen sie dunkel und trocken gelagert und vor Fremdgerüchen geschützt werden. Optimal ist eine Lagerung bei 12 bis 18 °C und einer maximalen relativen Luftfeuchtigkeit von 65 %. Hochwertige dunkle Schokolade hält sich unter diesen Bedingungen mindestens anderthalb Jahre ohne Qualitätseinbußen; auch nach diesem Zeitraum ist sie noch ohne weiteres genießbar. Weiße und helle Schokolade halten sich nicht so lange, bleiben aber bei richtiger Lagerung bis zu sechs Monate frisch.

Frische Trüffel oder Pralinen, bei denen Sahne verwendet wird, sollten möglichst innerhalb weniger Stunden verzehrt werden, da sie dann am besten schmecken. Trüffel mit frischer Sahne und wenig Zucker fangen schon nach einer Woche an zu schimmeln, vor allem wenn es Lufteinschlüsse zwischen der Creme und dem Schokoladenüberzug gibt. Durch die Zugabe von etwas Invertzucker (das bei der Umwandlung von Rohrzucker in Trauben- und Fruchtzucker entstehende Gemisch, das die Kristallisation verhindert) und ultrahocherhitzter Sahne läßt sich die Haltbarkeit von Trüffelpralinen um etwa zwei Wochen verlängern.

Es ist nicht notwendig, Schokolade und Pralinen in den Kühlschrank zu legen, wenn man sie anders kühl lagern kann. Auf jeden Fall muß Schokolade besonders gut vor Feuchtigkeit geschützt werden.

Wichtig: Schokolade und Pralinen vor dem Öffnen der Verpackung stets auf Zimmertemperatur bringen!

Die Beurteilung von Schokolade

Beim Öffnen einer Tafel Schokolade oder einer Pralinenschachtel sollte ihr ein angenehmer Schokoladenduft entströmen. Auf keinen Fall dürfen die Schokoladenerzeugnisse verstaubt riechen, was darauf hindeutet, daß sie zu alt sind oder falsch gelagert wurden. Achten Sie auch auf die Farbe. Sie sollte zwischen einem satten Rötlich- und einem tiefen Dunkelbraun liegen. Die Oberflächenstruktur hängt davon ab, ob es sich um Hohlkörper- oder Überzug- bzw. handgetauchte Pralinen handelt. Erstere haben eine glänzende Oberfläche, letztere zeichnen sich durch einen seidigen Schimmer aus. Manchmal erhalten sie einen hauchdünnen Überzug aus Acetat, der nach dem Entfernen seidig glänzt.

Gérard Ronay inspiziert eine seiner frisch zubereiteten Pralinen.

Dabei spielt die Nase eine wichtige Rolle.

Zum Probieren beißt er ein Stückchen ab und läßt es auf der Zunge zergehen.

Geschmack

Um eine Praline zu probieren, beißt man am besten ein Stückchen ab und läßt es auf der Zunge zergehen. Wenn die Probe nicht über alle Maßen scheußlich schmeckt, spucken Schokoladentester sie auch nicht aus. Es ist darauf zu achten, ob sie einen rauchigen oder verbrannten Beigeschmack hat und daß sie nicht zu süß ist. Ist das Verhältnis von süß und herb ausgewogen? Wurde die Vanille fein dosiert oder schmeckt man das künstliche Vanillin heraus? Enthält die Schokolade zuviel Säure oder schmeckt sie zu bitter? Abschließend sollte man die Probe wie einen guten Wein genüßlich auf der Zunge wirken lassen. Wer verschiedene Schokoladensorten probieren möchte, sollte zwischen den einzelnen Proben einen Schluck Wasser trinken oder ein Stück Apfel essen. Kaffee paßt zwar gut zu Schokolade, betäubt aber die Geschmacksnerven und sollte daher beim Probieren gemieden werden.

Professionelle Schokoladentester benutzen ein ganz bestimmtes Vokabular. Die verschiedenen Geschmacksnoten und Charakteristika von Schokolade oder Pralinen werden mit Früchten, Blüten, Balsam oder sogar mit grünem Tee verglichen.

Bruch

Wenn Sie eine Tafel Schokolade probieren, brechen Sie ein Stück ab und achten Sie auf das dabei entstehende Geräusch. Bei guter Qualität ist der Bruch hart und knackend, und die Bruchkanten sind sauber. Beim Probieren einer Praline können Sie feststellen, ob der Pralinenkörper ein dicken oder dünnen Überzug hat und ob er doppelt oder dreifach in die Kuvertüre getaucht wurde. Bei edlen französischen Pralinen wird die Ganache- oder Pralinémasse vor dem Ausdekorieren mit einer hauchdünnen Schokoladenschicht überzogen. Hält man die Praline einige Sekunden in der Hand, beginnt die Schokolade zu schmelzen, wenn sie nicht zu viel Pflanzenfett enthält.

Fett- / Zuckerreif

Unter bestimmten Voraussetzungen bildet sich auf Schokoladen und Pralinen ein weißgrauer Belag, der Fettreif oder Zuckerreif genannt wird. Fettreif wird durch austretende Kakaobutter verursacht, was darauf hindeutet, daß die Schokolade während der Verarbeitung oder Lagerung zu warm geworden ist. Durch die Wärme steigen die Fettkristalle der Kakaobutter an die Oberfläche und erstarren beim Abkühlen wieder. Weder Geruch noch Geschmack werden dadurch beeinträchtigt, und das Problem kann durch ein erneutes Temperieren der Schokolade behoben werden.

Weitaus ärgerlicher ist der Zuckerreif, der entsteht, wenn Schokolade starker Luftfeuchtigkeit ausgesetzt war. Dabei wird ein Teil des Zukkers herausgelöst, der sich später beim Trocknen als weißgrauer Belag absetzt. Obwohl die Praline noch genießbar ist, wird sie das Herz eines Schokoladenliebhabers wohl kaum noch höher schlagen lassen. Er sieht darin eine deutliche Wertminderung.

Das Pralinen-Verzeichnis

Für dieses Verzeichnis hatte ich Schokoladen- und Pralinenhersteller aus aller Welt eingeladen, Proben ihres Könnens zur Begutachtung einzureichen. Erstaunlich viele kamen meiner Bitte nach, und die meisten von ihnen waren redlich bemüht, mit uns zusammenzuarbeiten. Einige der kleineren Chocolatiers konnten leider nicht an unserem Projekt teilnehmen

Geschmacksnoten sind zwangsläufig subjektiv, doch ich habe mich um eine einheitliche Beurteilung bemüht. Ich gebe allerdings zu, daß ich keine übermäßig süße Schokolade mag und es sehr ärgerlich finde, wenn teure Pralinen zum größten Teil aus preiswertem Zucker bestehen. Es ist gut möglich, daß Sie bestimmte Pralinen-Spezialitäten, die in diesem Buch bemängelt werden, für Ihr Leben gern essen, denn es ist immer eine Frage des persönlichen Geschmacks, welchen Pralinen man den Vorzug gibt.

Das Schokoladen- und Pralinenverzeichnis ist in drei Abschnitte je nach der Größe der Unternehmen unterteilt: kleine Handwerksbetriebe, die bis zu 50 Tonnen Schokolade bzw. Pralinen pro Jahr herstellen; mittelgroße Betriebe mit einer Produktionsmenge von bis zu 100 Tonnen jährlich und die Branchenriesen mit über 100 Tonnen Produktion pro Jahr.

Bei der Vergabe der Sterne für die getesteten Schokoladenerzeugnisse waren drei Kategorien ausschlaggebend: die Qualität der Kuvertüre und anderer Rohstoffe, die Beschaffenheit und Frische des Sortiments und schließlich die Präsentation der Erzeugnisse.

Unser Benotungssystem

★ *mittlere bis gute Qualität, die in vielen Fällen noch verbessert werden könnte*

★★ *gute bis sehr gute Qualität*

★★★ *beste derzeit erhältliche Qualität*

Die Einträge in diesem Schokoladen- und Pralinenführer können nicht mehr als eine Orientierungshilfe sein, denn auch Schokoladenerzeugnisse unterliegen von Zeit zu Zeit Schwankungen, sei es, daß ein anderer Schokoladenmeister am Werk ist oder daß sich die Firmenphilosophie geändert hat. Man sollte also stets auf positive wie negative Überraschungen gefaßt sein.

Manuelle Herstellung

Altmann & Kühne

GRABEN 30, 1010 WIEN
TEL.: 0043-222-533 09 27

Altmann & Kühne wurde vor mehr als 80 Jahren von Emil Altmann gegründet, und seit der Eröffnung des ersten Ladens hat ihm die Wiener Bevölkerung die Treue gehalten. Von den ehemals drei Geschäften existiert heute nur noch eins, unweit des Stephansdoms in der Wiener Altstadt.

Der 32jährige Chocolatier Leopold Eggenberger beginnt oft mitten in der Nacht mit der Herstellung seiner Pralinen, die anschließend von 15 Mitarbeiterinnen in Schokolade getaucht werden. Eine mühselige Arbeit, denn jedes Stück ist eine perfekte Minipraline, die zuerst ausgeformt, dann von Hand in Kuvertüre getaucht und anschließend mit winzigen Gold- und Silberkügelchen, makellosen ganzen Pistazien und Haselnüssen oder mit der Pralinengabel verziert werden muß. Die Pralinen werden nach den alten Rezepturen ohne Konservierungsstoffe hergestellt. Die Verpackung ist ein Entwurf der derzeitigen Besitzerin Petra Heytmanek-Schick, deren Eltern eines der größten Hotelimperien in Österreich besitzen. Diese Miniaturtruhe mit winzigen Pralinen geschenkt zu bekommen, ist wohl der Traum eines jeden Kindes.

Miniaturschatztruhe (oben) und Kommode (unten), gefüllt mit edlen Pralinen

ZUR INFORMATION:

BENOTUNG: ★★

HERKUNFTSLAND: *Österreich*

BEZUGSQUELLE: *das Ladengeschäft in Wien und über Mail-order*

PACKUNGSGRÖSSEN: *verschiedene Geschenkpackungen*

SPEZIALITÄTEN: *Miniaturkonfekt, Nougat mit Rum, Fondantpralinen, Kaffeebohnen*

VERWENDETE KUVERTÜREN: *Suchard und Knäbchen*

GESCHMACKSNOTEN:

Diese kunstvoll gearbeiteten Miniaturpralinen in weißen Papiermanschetten, sorgsam umhüllt von Seidenpapier, kamen in makellosem Zustand an.

Die mit Goldfolie umwickelten Würfelchen und das Schokoladenherz enthielten eine lockere Gianduja-Creme, die köstlich nach Vanille duftete.

Winzige Schokoladentaler mit einem Silber- oder Goldkügelchen enthielten einen Kern aus knusprigem Haselnuß-Kaffee-Krokant.

Die pinkfarbenen Fruchtfondant-Pralinen schmeckten angenehm säuerlich und wesentlich besser als erwartet - genau das Richtige für Liebhaber von Fondantpralinen.

Der würzige Orangen-Lebkuchen mit einem Belag aus weißen Zuckerperlen erinnerte mich sehr an das Märchen von Hänsel und Gretel ...

Aux Délices de la Tour

1 RUE DES LICES, ANGERS
TEL.: 0033-2-41 88 94 52

Dieser kleine Betrieb mit nur fünf Angestellten wurde 1975 im Herzen der geschichtsträchtigen französischen Stadt Angers gegründet.

Bevor der 58jährige Chocolatier Gilbert Benoit sein Geschäft in Angers eröffnete, hatte er bereits eine Bäckerei mit Konditorei und Konfiserie in der Region von Nantes. Während seiner gesamten beruflichen Laufbahn blieb er seinem Grundsatz treu, nur frische, hochwertige Rohstoffe zu verarbeiten. Bis heute tüftelt er ständig neue Rezepte aus.

Derweil kümmert sich Madame Benoit um eine stilvolle Präsentation der Pralinen in den fünf Schaufenstern des Geschäfts. Geschmackvoll ist auch die Verpackung der Pralinen: kleine braune Schachteln mit einem glänzenden Goldband, zur Schleife gebunden – einfach, aber elegant.

ZUR INFORMATION:

BENOTUNG: ★★

HERKUNFTSLAND: *Frankreich*

BEZUGSQUELLE: *Bestellung per Katalog*

PACKUNGSGRÖSSEN: *250g; 375g; 500g; 1 kg; 1,5 kg; spezielle Bonbonnieren erhältlich*

SPEZIALITÄTEN: *Le Marbre Amer; Les Coquineries du Roi René; Les truffes Angevines au Cointreau (Cointreau-Trüffel aus Anjou) und Le Plantagenêt; gegossene Schokoladen-Holzschuhe und saisonale Spezialitäten: Nikolaus-Figuren*

VERWENDETE KUVERTÜRE: *Chocolaterie du Pecq*

GESCHMACKSNOTEN:

Pralinen mit einer seidig-glänzenden Oberfläche und einem hauchdünnen Schokoladenüberzug.

Die rechteckigen, marmorierten, fein abgerundeten Ganachepralinen waren vollmundig und hatten ein frisches Vanillearoma und einen Stich Butter.

Der dunkle Palet mit knusprigen Mandelsplittern im Inneren entpuppte sich als Plantagenet – eine Ganache mit Cointreau-Geschmack – die mit den Mandelsplittern bestens harmonierte.

Der quadratische Palet aus knusprigem Praliné war mit einer guten weißen Schokolade umhüllt. Die weiße Praline mit Puderzucker und eine Marzipan-Ganache-Praline sprachen mich am wenigsten an.

Bonbonniere mit dem Namenszug von Gilbert Benoit

Baixas

CALAF 9-11, 08021 BARCELONA
TEL.: 0034-3-209 25 42   FAX: 0034-3-414 49 84

Baixas beauftragte den Künstler José-Maria Trias mit dem Entwurf verschiedener Pralinenschachteln zu den architektonischen, kubistischen und surrealistischen Strömungen, die die Stadt Barcelona so nachhaltig beeinflußt haben. Heute zählt die Konfiserie Baixas zweifellos zu den führenden Herstellern von ›Designer‹-Pralinen in Spanien, und die Kollektion von 1971 bis 1991 aus 15 Schachteln im Stil Salvador Dalís und Gaudís ist in Sammlerkreisen mittlerweile sehr begehrt. Auf der »Dalíana« 1972 wurde Dali seine lebensgroße schokoladene Büste sowie eine dreieckige Schachtel Gianduja-Pralinen überreicht.

Die Konditorei Baixas wurde 1958 von Francisco Baixas und seiner Frau Conxita gegründet. 1968 nahm Baixas mit Hilfe seines Schokoladenmeisters Eugenio Aguilar Pralinen in sein Sortiment auf, und 1982 stieß Franciscos Sohn Joan hinzu, der davor lange Zeit bei namhaften Chocolatiers in

Salvador Dalí wird während der ›Daliana‹ eine ihn porträtierende Schokoladenbüste überreicht.

Europa gelernt hatte, unter anderem bei Fauchon in Paris und bei Wittamer in Brüssel. 1987 stieg Joans Schwester Nuria in den Familienbetrieb ein und übernahm die Leitung des neu eröffneten Café-Restaurants in der Calle Calaf.

Im gleichen Jahr, kurz nach der Eröffnung des Cafés, von dem er lange geträumt hatte, starb Vater Francisco. Seine Kinder setzen die Tradition fort, indem sie erlesene Qualität und vorbildlichen Service bieten.

Joan Baixas wurde 1985 in die International Association of Relais Desserts aufgenommen, eine angesehene Vereinigung der 70 weltbesten Konditoren. Anläßlich der Werbekampagne »Taste of Spain« 1990 in New York wurden seine Schokoladenskulpturen von Gaudís Jugendstilkirche Sagrada Familia in Barcelona und der Giralda in Sevilla neben der berühmten Puerta de Alcalá in Madrid ausgestellt.

ZUR INFORMATION:

BENOTUNG: ★★★
HERKUNFTSLAND: *Spanien*
BEZUGSQUELLEN: *Verkaufsstellen in Madrid, Valencia und Saragossa sowie in einigen Nobelhotels in Barcelona*
PACKUNGSGRÖSSEN: *zahlreiche Geschenkpackungen*
SPEZIALITÄTEN: *frische Buttercreme-Pralinen, Schokoladentafeln mit einem Belag aus ganzen Mandeln, Mandel- und Haselnuß-Pralinen, Neapolitains, Gianduja-Pralinen. Saisonale Spezialitäten*
VERWENDETE KUVERTÜREN: *Valrhona, Callebaut, Kakaocreme Caracas und Guayaquil*

GESCHMACKSNOTEN:

Die handgespritzte ›Lilie‹ in schwarzer Schokolade enthielt vier frisch geröstete goldbraune Haselnüsse und schmeckte ganz hervorragend.

Die kastanienförmige Praline, mit einer dunklen, fruchtig schmeckenden Schokolade überzogen, enthielt eine buttrige Himbeer-Ganache, während der Kern eines ›Ahornblatts‹ aus einer blaßgrünen Minze-Buttercreme-Füllung bestand – eine gelungene Kombination von sehr dezenter Süße.

Exzellent waren auch die Knusperpraline aus dunkler Schokolade und gerösteten Mandelsplittern, die butterweiche ovale Ganachepraline, das dunkle Stäbchen mit hellen Streifen aus einer sehr süßen Rum-Trüffelmasse sowie eine quadratische Praline aus edler Milchschokolade.

Balducci's

424 AVENUE OF THE AMERICAS, NEW YORK, NY 11011
TEL.: 001-212-673 2600

Balducci's gehört seit seiner Eröffnung im Jahre 1948 zu den führenden New Yorker Feinkostläden und wurde von dem Ehepaar Balducci gegründet, das die Liebe zu guten, frischen Lebensmitteln aus seiner süditalienischen Heimat Bari mit nach Amerika gebracht hatte. Das Geschäft bietet eine immense Auswahl an frischem Obst und Gemüse, außerdem Verkaufstheken mit heißen und kalten Delikatessen, edle Kaffeesorten und natürlich auch ein breites Sortiment von Pralinen und Schokoladenkuchen.

Die von mir verkostete Auswahl wird eigens für dieses Geschäft von Christopher Norman hergestellt, ein von der Malerei beeinflußter Chocolatier, der gern experimentiert. In seiner Rolle als Künstler mischt er, wie er es ausdrückt, Aromen »wie Farben auf einer Palette«. Zu seinen ungewöhnlichen Zutaten zählen Himbeer-, Pfirsich-, Pflaumen-, Kürbis- und Maracujapüree, französi-

ZUR INFORMATION:

BENOTUNG: ★★

HERKUNFTSLAND: *USA*

BEZUGSQUELLEN: *das Geschäft in New York und weltweit über Mail-order*

PACKUNGSGRÖSSEN: *113g, 250g, 453g*

SPEZIALITÄTEN: *Chocolate Brownies Cake, Chocolate Velvet Mousse Cake, Chocolate Ribbon Cake, Chocolate Mud Cake-in-a-tin, David Glass Mousse Balls*

VERWENDETE KUVERTÜREN: *Schökineg*

Der Delikatessenladen Balducci's im New Yorker Künstlerviertel Greenwich Village

scher Limettenextrakt, Ahornsirup, frische Minze, Eierlikör, Whiskey und Madagaskar-Vanille.

Die Pralinen in sehr edler Aufmachung rufen Erinnerungen an die Kindheit wach. Alles in allem eine innovative, interessante Pralinenzusammenstellung, die fast ausnahmslos überzeugt.

GESCHMACKSNOTEN:

PILGRIMS PROGRESS: *Eine weiße Trüffelmasse mit Früchten, Muskatnuß und Zimt von zartschmelzender Konsistenz, gesprenkelt mit Zimt, Muskat und Vanille.*

LEMON ZEST: *Etwas mehr Würze hätte dem fruchtig-frischen Zitronengeschmack nicht geschadet. Der Überzug aus weißer Schokolade war etwas zu süß und zu hart, aber die lockere, zartgelbe Mousse im Innern schmeckte vorzüglich.*

SUGAR PLUM: *Diese weiße, in dunklem Kakaopulver gewälzte Trüffel schmeckte ein wenig nach Rosinen. Gelungen fand ich die sehr luftigleichte Pflaumen-›Mousse‹.*

OOH-LA-LIME: *Diese zur Hälfte in dunkle und helle Schokolade getauchte und anschließend in Puderzucker gewälzte Praline hatte als Kern eine hellgrüne Füllung aus frischer Limette.*

MAPLE-WALNUT: *Ein Kern aus zartschmelzender Milchschokolade war umhüllt von Nußsplittern und weißer Schokolade und schmeckte vorzüglich. Die knusprige Hülle sah appetitlich aus und hielt, was sie versprach. Von allen Kostproben war dies die beste und ausgewogenste Praline.*

Béline

5 PLACE SAINT-NICOLAS, 72000 LE MANS
TEL.: 0033-2-43 28 00 43 FAX: 0033-2-43 87 62 85

Eugène Béline begann 1977 mit seiner Pralinenherstellung nach alten Rezepturen, ganz in der Tradition der Feinschmecker. Bélines Referenzen suchen ihresgleichen: 1971 wurde er von LeNôtre als Maître Pâtissier de France eingestellt und leitete ein Team mit Frankreichs 50 besten Konditoren, welches damit beschäftigt war, neue Rezepte und Methoden auszutüfteln.

Chocolaterie
Béline
5, PLACE ST NICOLAS
Le Mans

ZUR INFORMATION:

BENOTUNG: ★★

HERKUNFTSLAND: *Frankreich*

BEZUGSQUELLEN: *die Filiale in Le Mans und weltwelt über Mail-order mit vorbildlicher Verpackung*

PACKUNGSGRÖSSEN: *250g, 375g, 500g, 750g, 1 kg*

SPEZIALITÄTEN: *Bugattis: Schokolade mit Praliné und karamelisiertem Zucker; Les Paves du Vieux Mans: cremige Mokka-Ganache; Les Coeurs de la Reine Berangère: Praliné-Haselnußcreme; Le Schubert: Ganache mit Mandel und Cointreau; Les Mancelles: feinstes Praliné mit gerösteter Haselnuß und Kakaopulver; Les Rillettes: die Schokoladenversion des reichhaltigen französischen Brotaufstrichs aus gut gewürztem Schweinehack – ein Spezialrezept aus Schokolade mit Orangen- und Pralinégeschmack*

VERWENDETE KUVERTÜREN: *Callebaut*

GESCHMACKSNOTEN:

QUADRATISCHES KONFEKT MIT DUNKLER KUVERTÜRE: *Der mit Blattgold verzierte Palet enthielt eine Vanille-Ganache, eine andere Praline eine fruchtige Himbeercreme-Ganache. Das Konfekt mit einem Plastikblatt als Verzierung enthielt eine reichhaltige, cremige Füllung, die mit Rum oder Calvados abgeschmeckt war; eine andere gelungene Kombination bestand aus knusprigen Nüssen und Fenchelaroma.*

RUNDES KONFEKT MIT DUNKLER KUVERTÜRE: *Eine Praline mit einem Kern aus Marzipan und groben Mandelstückchen mit Orangenschale sah sehr edel aus; die Praline mit Kaffeecreme schmeckte nach gutem Irish Coffee.*

Auch andere Pralinen waren ein Genuß: ein Schokoladentaler mit starker Kaffee-Ganache, ein Knuspermandel-Praliné in dunkler Allerweltskuvertüre und eine vollmundige Praline mit hellem Schokoladenüberzug.

Das rechteckige Konfekt enthielt eine zartduftende Zitronen-Ganache mit Zitronenschale.

Knusprige Schokoladen-Bugattis und gehaltvolle Schokoladencreme

Bernachon

42 COURS FRANKLIN ROOSEVELT, 69006 LYON
TEL.: 0033-2-78 52 67 77

Tief verwurzelt in der kulinarischen Tradition Lyons mit ihrer ausgezeichneten Küche vertritt die Familie Bernachon heute die letzte große Schokoladen-Dynastie. Im Alter von 14 Jahren, zu einer Zeit, als Schokolade und Pralinen ein Luxus waren, wurde Maurice Bernachon zu M. Debeauge in Pont de Beauvoisin in die Lehre geschickt, um von ihm das Konditorhandwerk zu erlernen. Die Produktionsräume der Konfiserie Bernachon wurden 1955 hinter dem Ladengeschäft errichtet und haben sich bis heute kaum verändert. Dort finden bis heute alle Produktionsschritte vom Rösten der Kakaobohnen bis zum Eintauchen der Trüffel statt.

Der Schokoladenduft, der in der Luft liegt, ist geradezu berauschend, etwas Tropisches haftet ihm an. Bernachon und Söhne haben für den Erhalt eines fast schon ausgestorbenen Handwerks gesorgt. Während es in Frankreich um die Jahrhundertwende noch etwa 100 Schokoladenhersteller gab, kann

man sie heute wohl an einer Hand abzählen. Das Bemerkenswerte an diesem Betrieb ist die Offenheit von Vater und Sohn. Sie verbergen nichts, nicht einmal ihre Geschäftsgeheimnisse, vor den Besuchern der Produktionsräume, denn die Herkunft der Kakaobohnen ist deutlich auf den Säcken abzulesen. Hier herrscht eine Seriosität, wie sie im Schokoladengeschäft selten anzutreffen ist. Leidenschaft und Hingabe, Weisheit und Weitsicht sind die Stützpfeiler dieses Unternehmens.

Es ist heute kaum noch vorstellbar, daß ein Chocolatier von der Aufbereitung der Kakaobohnen bis zur fertigen Schokoladentrüffel oder Praline alles selbst macht. Das ist, als würde ein Bäcker seinen eigenen Weizen mahlen oder ein Koch selbst schlachten. Die Meister-Chocolatiers beziehen ihre Schokoladenüberzugsmasse fast ausschließlich als Rohstoff, den sie dann mit anderen Zutaten zu Konfekt weiterverarbeiten. Auf der Suche nach den besten Kakaoplantagen, den edelsten Kakaobohnen und den besten Anbaugebieten – dem ›richtigen‹ Boden für die gesuchte Bohne von erlesenem Aroma – haben die Bernachons die ganze Welt bereist. Wichtigster Faktor bei der abschließenden Beurteilung ist wie beim Wein neben Sonnenschein und Feuchtigkeit der Boden. Die besten Bohnen kommen aus Lateinamerika, Sri Lanka und Madagaskar.

Das afrikanische Festland, das zwar weltweit die größten Erträge liefert, ist für diese Kakaospezialisten uninteressant, da dort die Böden sind karg sind und in der Regel nur minderwertige Bohnensorten angebaut werden.

Die Konfiserie Bernachon verarbeitet jährlich etwa 20 Tonnen Kakaobohnen zu verschiedenen Mischungen. Sie stammen von den besten Plantagen der Welt und kommen per Schiff nach Bordeaux. Sobald sie bei Bernachon in Lyon eintreffen, werden sie etwa 20 Minuten lang mild geröstet, um überschüssiges Wasser zu entziehen, und dann einer Geschmacksprobe unterzogen. Gegebenenfalls wird noch etwas

ZUR INFORMATION:

BENOTUNG: ★★★
HERKUNFTSLAND: *Frankreich*
BEZUGSQUELLEN: *das Ladenlokal in Lyon und weltweit über Mail-order*
PACKUNGSGRÖSSEN: *verschiedene Bonbonnieren*
SPEZIALITÄTEN: *Truffle Maison, Palet d'Or, Schokoladenkuchen Président, Schokoladentafeln, saisonale Spezialitäten zu Ostern*

VERWENDETE KUVERTÜREN:
Alle Kuvertüren werden aus Edelkakaobohnen selbst hergestellt und nur mit hochwertiger Madagaskar-Vanille verfeinert. Vor der Weiterverarbeitung reifen sie drei Monate lang.

Schokoladentafeln von Bernachon

nachgeröstet, damit die Bohnen ihr volles Aroma entfalten können. Bohnen dieser Güteklasse müssen mit größter Sorgfalt behandelt werden, denn dauert der Röstvorgang zu lange, schmekken sie verbrannt und unangenehm bitter, wie es normalerweise bei minderwertigem Kakao der Fall ist. Anschließend werden die Bohnen geschält und fein vermahlen. Die Kakaomasse wird dann unter Zugabe von Kakaobutter, reiner Bourbon-Vanille und Zucker in Mischern geknetet und zur Endveredelung über mehrere Tage conchiert, das heißt intensiv gerührt, gewendet und belüftet, um eine fließfähige, homogene Masse zu erzielen und ihr gleichzeitig unerwünschte Bitterstoffe zu entziehen. Manchen Schokoladenmassen wird vor dem Conchieren noch Milch bzw. Sahne in Pulverform zugesetzt, aber überwiegend sind die Schokoladen dunkel.

Weiße Schokolade findet bei Bernachon höchst selten Verwendung, und wenn, dann nur in kleinsten Mengen zum Ausdekorieren der Pralinen oder gelegentlich bei Sonderanfertigungen für Kleinkinder.

Bei dunkler Kuvertüre dieser Güte ist es kaum verwunderlich, daß weiße Schokolade

kaum Beachtung findet. Die Qualität steckt nämlich in den Kakaobohnen selbst: Wenn die fertige Schokolade auf der Zunge zergeht, wird ein wahres Feuerwerk an tropischer Fruchtigkeit entfacht.

Aus diesem Grund überzeugen vor allem die Palets d'Or und die einfachen Trüffel, die als gelungener Kontrast zur reichhaltigen, aromatischen Ganache mit Sahne aus der Normandie und Charentes-Butter zubereitet werden. Die verarbeiteten Haselnüsse stammen aus dem Piemont, zwei verschiedene Sorten Mandeln aus der Provence, Pistazien aus Sizilien und kandierte Früchte und Fruchtschalen aus eigener Herstellung. Zudem verwendet man wann immer möglich frische Produkte aus der Region. Die fertigen Schokoladenerzeugnisse sind geradezu atemberaubend, und für eine Kostprobe lohnt sich der weiteste Umweg. Sie können Ihre Bestellung aber auch telefonisch aufgeben und die Ware wird Ihnen dann per Luftpost zugeschickt.

Bisher hat die Familie Bernachon jeder Versuchung zu expandieren widerstanden, weil sie dadurch einen Qualitätsverlust ihrer Erzeugnisse befürchtet – wahrlich eine erfreuliche Einstellung in einer Zeit der Spekulationsgeschäfte, Übernahmen und Fusionen. Und als Krönung des Ganzen hat Jean Jacques Bernachon die Tochter eines berühmten Meisterkochs von Lyon – Paul Bocuse – geheiratet. Wer kann da noch mithalten?

GESCHMACKSNOTEN:

PRINCESS: *Ein mit Grand Marnier aromatisierter Pralinenkern umhüllt mit grünem Pistazien-Marzipan.*

AMANDE-PRINCESS: *Knuspriger Mandel-Krokant mit einer weichen Mandel-Praliné-Auflage, umhüllt von dunkler Schokolade und in grüne Folie gewickelt. Diese Praline schmeckte aufgrund der reichhaltigen Toffeemasse vorzüglich.*

PALET D'OR: *Schweres, ausgesprochen fruchtiges Aroma, ohne den bitteren, herben Geschmack von Edelbitterschokolade.*

CARAMEL: *Bei dem flachen, in der Konsistenz an Toffee erinnernden Konfekt dominierte das Schokoladenaroma, doch dann setzte sich der Karamelgeschmack durch. Ein Gaumenschmaus.*

GUITAR/LANGUE DE CHAT: *Dieser knusprige Krokant mit Nußstückchen war knackig und schokoladig im Geschmack.*

KONFEKT MIT ORANGENDUFT: *Die Praline war mit fein gehobelter und anschließend Orangenschale gefüllt. Die Schokolade war geschmacklich sehr ausgewogen und nicht zu süß.*

OVALE ›ROKOKO‹-SCHALE: *Die Füllung bestand aus einer zarten Pistazienpaste, die vielleicht noch etwas weißen Rum enthielt.*

MONTÉLIMAR: *Geschmacklich ein bißchen fade, aber von bester Verarbeitung und nicht zu zäh.*

Außergewöhnlich gut waren die Trüffel-, Praliné-, Gianduja- und Marzipanpralinen sowie die Knuspermischungen, die durch ihre Frische und ihre knackige Konsistenz bestachen.

Bernard Dufoux

32 ET 40 RUE CENTRALE, 71800 LA CLAYETTE, LYON
TEL.: 0033-4-85 28 08 10 FAX: 0033-4-85 26 83 56

Das 1960 von Bernard Dufoux eröffnete Schokoladengeschäft ist für seine dunkle Schokolade berühmt. Seitdem der Meister 1990 vom Club des Croqueurs zum drittbesten Chocolatier Frankreichs gewählt wurde, reißt der Besucherstrom der Schokoladenliebhaber nicht mehr ab. Der stets hilfsbereite Mâitre gibt inzwischen sogar seine Berufsgeheimnisse preis und demonstriert sein Können an jedem ersten Mittwoch oder Donnerstag im Monat zwischen 14.00 und 18.00 Uhr. Für interessierte Gruppen gibt es auch die Möglichkeit, an Sondervorführungen teilzunehmen.

Mâitre Chocolatier
Bernard Dufoux

ZUR INFORMATION:

BENOTUNG: ★★★

HERKUNFTSLAND: *Frankreich*

BEZUGSQUELLEN: *keine weiteren Filialen, möglich sind Katalogbestellung und Bezug über La Fromagerie, 30 Highbury Park, London N5 2AA; Tel.: 0044–171–359 74 40*

PACKUNGSGRÖSSEN: *530g; 840g; 1 kg; auch Geschenkpackungen sind lieferbar.*

SPEZIALITÄTEN: *Palets aus Bitterschokolade mit Schokoladen-Mousse, Mousse mit 70 % Kakaoanteilen (La Chocophile), Truffino: Schokoladen-Mousse mit rumgetränkten Rosinen, Malakoff: gebrannte Mandeln, Bigorneau: Haselnußcreme auf Krokantboden, Pêche: Pfirsich-Marzipan; Moustache: Pistazien-Marzipan, Antillais: Mandelpaste mit Rosinen, Togolais: Rosinen mit Orange, Criollo: Kaffee, Caramel: mit gesalzener Butter*

Folgende Geschmacksrichtungen sind ebenfalls erhältlich: wilde Brombeere, Minze, Herbst-Himbeere, schwarze Johannisbeere, ›Le Green‹: eine Zubereitung aus frischem Blattgrün

Zu den Glanzstücken zählen falsche Gänseleberpastete, hergestellt aus Maronen und gespickt mit Schokoladenstückchen, mit Pistazien, Himbeeren und drei verschiedenen Saucen angerichtet: Vanillesauce (Crème Anglaise), heiße Schokoladensauce und Himbeer-Coulis.

VERWENDETE KUVERTÜREN: *Valrhona, Bohnen aus Venezuela, der Karibik*

GESCHMACKSNOTEN:

Exzellente Schokolade, ausgewogen, körperreich und aromatisch mit einer homogenen Konsistenz.

AMANDE AMERE: *Eine Praline, die nach Bittermandelextrakt schmeckte und von kräftiger Schokolade mit fruchtigem Aroma umhüllt war.*

CABRION ORANGE: *Die Orangen-Ganache bestach durch kräftigen Zitrusgeschmack.*

CRIOLLO: *Eine zartschmelzende Praline aus Lagen von Kaffeecreme und Ganache*

PALAIS BOURBON: *Eine Praline mit sehr guter Vanille-Ganache*

FRAMBOISE: *Gefüllt mit Himbeer-Ganache*

CHOCOPHILE: *Wie eine Manjari-Trüffel*

Charlemagne

PLACE JACQUES BREL 8, 4040 HERSTAL
TEL.: 0032-41-64 66 44   FAX: 0032-41-64 45 18

Das 1987 von Denise Courant-Bellefroid und Jean François Staesbolet gegründete Unternehmen Charlemagne (»Karl der Große«) ist das Ergebnis der ungewöhnlichen Verbindung zwischen einer Kunsthistorikerin und Feinschmeckerin sowie einem Kaufmann und ehemaligen Chicoree-Anbauer. Die Idee, selbst Schokolade herzustellen, kam den beiden erstmals 1985 nach einem Auslandsaufenthalt. Mit der gemeinsam angestrebten Perfektion haben sie das Konzept einer ›anderen Schokolade‹ entwickelt. Dazu gehört, daß nur natürliche Zutaten (mit Ausnahme von Vanillin) höchster Güte verwendet und bei der Produktion keine Schnellverfahren eingesetzt werden. Alljährlich bereisen die beiden tropische Länder und kommen stets voll neuer Anregungen, Ideen und Entdeckungen zurück. Der Firmenname Charlemagne geht auf den Ort ihrer Produktionsstätte zurück, wo Karl der Große im 8. Jahrhundert geboren wurde. Daher findet sich auf jedem Schokoladentäfelchen dessen königliches Wappen.

Im Grunde genommen hat der Betrieb keinen Mâitre Chocolatier, doch alle dort hergestellten Schokoladen zeugen von einem feinen Gaumen, von Kreativität und fachlichem Können.

ZUR INFORMATION:

BENOTUNG: ★★

HERKUNFTSLAND: *Belgien*

BEZUGSQUELLEN: *über die Pain-Quotien-Gruppe, 20 Verkaufsstellen überwiegend in Brüssel; außerdem exklusiv bei Fortnum & Mason, London, bei Hediard in Paris, bei Embassy in Madrid und bei Castellana in Japan; weltweit auch über Mail-order*

PACKUNGSGRÖSSEN: *Schachteln à 24 Stück in der Größe 11 x 11 x 2,5 cm bzw. à 200g*

SPEZIALITÄTEN: *Schachteln mit hauchdünnen Schokoladentäfelchen mit aufgeprägtem Charlemagne-Logo*

VERWENDETE KUVERTÜREN: *eine im hauseigenen Labor kreierte Schokoladenüberzugsmasse*

GESCHMACKSNOTEN:

SCHWARZ: *Ingweraroma mit einer Nuance Zitrus und viel knirschender Zucker*

ZARTES BLAUGRAU: *Diese Schokolade zeichnete sich durch ein würziges, etwas scharfes Ingweraroma aus und schmeckte ein wenig muffig.*

DUNKELBLAU: *eine Zimtschokolade mit 46 % Kakaoanteilen und knirschendem Zucker*

WEISS: *Schokolade mit blumigem Orangenaroma und einem Kakaogehalt von 60 %*

ROT: *Schokolade mit intensivem Kardamomduft, feinem Kaffeegeschmack und einer Extraportion Zuckerkristallen*

GRÜN: *Pfefferminze ohne Zuckerkristalle*

BEIGE: *Würziges Earl-Grey-Aroma ohne Zuckerkristalle bei einem Kakaogehalt von 54 %*

Gelungen waren Bitterschokolade, Schokolade mit Tee bzw. Minze sowie Edelbitter-Täfelchen.

Chocolats Le Français

269 SOUTH MILWAUKEE AVENUE,
WHEELING, ILLINOIS 60090
TEL.: 001-708-541 18 17

Eröffnet wurde das Restaurant Le Français 1973 von Jean Banchet, der sich der kulinarischen Tradition von Lyon verschrieben hatte. Unter Banchets Leitung avancierte das Restaurant bald zum Geheimtip und gehörte bald zu den zehn besten in den USA.

Im Jahr 1989 bekam das Lokal mit dem Ehepaar Roland und Mary Beth Liccioni neue Inhaber. Mit seiner innovativen Kochkunst, die mit der von Blanchet nicht viel gemein hatte, überzeugte Roland Liccioni in kürzester Zeit Kritiker wie Gäste davon, daß der Gourmettempel bei ihm in guten Händen war. Mary Beth Liccioni brachte ihre Talente als beste Konditorin von Chicago in das

Geschenkkarton mit 23 Pralinen-Spezialitäten von Chocolats Le Français

Restaurant ein. Sie war fest entschlossen, das Le Français zu einem Schauplatz der hohen Kunst der Dessertzubereitung zu machen, die sie während zahlreicher Aufenthalte in Europa erlernt hatte. Zu diesem Zweck wurde ein Lagerraum hinter dem Restaurant zu einem perfekt ausgestatteten ›Schokoladenlabor‹ umgebaut. Dort entstand unter der Leitung von Chocolatier Jim Graham ein Sortiment verschiedener Schokoladenerzeugnisse für das Restaurant wie auch für einen kleinen Kreis ausgesuchter Einzelhändler.

Da die Kunde von Chocolats Le Français über weitgereiste Restaurantbesucher in den gesamten USA verbreitet wurde und die Presse ein übriges tat, wird heute ein Großteil der Schokoladen- und Pralinenproduktion über den Versandhandel vertrieben.

Der Schokoladenmeister Jim Graham ist ein 37jähriger Texaner aus Houston, der mit 23 Jahren nach Paris ging, um die Konditorlaufbahn einzuschlagen. Ein Jahr später kehrte er wieder in die neue Houstoner Niederlassung des französischen Patisserie-Unternehmens LeNôtre

ZUR INFORMATION:

BENOTUNG: ★★★

HERKUNFTSLAND: *USA*

BEZUGSQUELLE: *Direktvertrieb über Mailorder*

PACKUNGSGRÖSSEN: *Bonbonnieren mit 11, 23 und 46 Pralinen*

SPEZIALITÄTEN: *Plätzchenteig mit Schokoladenstückchen und eine kompakte trüffelartige Creme, aus der sich mit heißer Milch im Nu eine köstliche Tasse heißer Schokolade bereiten läßt*

VERWENDETE KUVERTÜREN: *überwiegend Valrhona*

zurück. 1985 zog es ihn wieder nach Paris, wo er nun als Konditor für die Flo-Prestige-Gruppe arbeitete. Im Jahr 1986 wandte er sich mit der Bitte, sich auf Schokolade spezialisieren zu dürfen, an Robert Linxe (»La Maison de Chocolat«) und arbeitete fortan in einem sechsköpfigen Team von Chocolatiers im Souterrain des Ladengeschäfts am Faubourg St. Honoré in Paris.

Während dieser dreieinhalb Jahre im Maison de Chocolat lernte Graham auch Mary Beth Liccioni kennen, die sich auf einem ›Arbeitsurlaub‹ von ihrer Position als Chefkonditorin des Chicagoer Restaurants Carlos in Paris aufhielt. Als sie und ihr Mann Roland 1989 das Le Français übernahmen, boten sie Jim Graham an, sich an der Schokoladenherstellung zu beteiligen.

Heiße Schokoladencreme, gehaltvoll und kräftig im Geschmack

GESCHMACKSNOTEN:

Die erlesenen Pralinen erinnern stark an den großen Lehrmeister Robert Linxe

KARAMEL: *ein cremig aufgeschlagener Karameltrüffel, zartschmelzend und locker*

PALET D'OR: *eine reiche Blattgoldverzierung auf der seidig glänzenden Oberfläche; als Kern eine fruchtige Ganache, die blumig und mit Nuancen von Vanille nachschmeckte*

PURE CARAÏBE: *Aus der herben Ganache konnte ich eine Spur Ingwer herausschmecken.*

EARL GREY: *leicht blumig mit einer Zitrusnote, sehr zartschmeckend*

GIANDUJA: *eine sehr luftig-leichte Creme aus gerösteten Haselnüssen und Schokolade*

MOKA: *eine leichte, mit Espresso aromatisierte Ganache*

MI-AMERE: *Die Ganache aus heller und dunkler Schokolade war sehr ausgewogen im Geschmack.*

NOIX: *eine edle Mischung aus Walnüssen und Honig*

ORANGE: *Die lockere Ganache duftete nach frisch gepreßtem Orangensaft.*

FRAMBOISE: *Eine Geschmacksharmonie zwischen Himbeeren und Schokolade ist nur schwer zu erreichen, hier aber gelungen. Der verführerische Duft von frisch pürierten Früchten in dieser Praline zählt zu meinen schönsten Sinneserfahrungen.*

FEUILLE DE MENTHE: *Die fruchtig-frische grüne Minze war perfekt auf die Schokoladen-Ganache abgestimmt.*

NOUGAT: *lockerer Nougat, durchsetzt mit mild gerösteten Nüssen*

Christian Constant

26 RUE DU BAC, 75007 PARIS
TEL.: 0033-1-47 03 30 00

Der aus dem Hotelfach kommende Constant arbeitete bis 1970 als Geschäftsführer bei LeNôtre. Noch im selben Jahr gründete er seinen eigenen Betrieb in der Rue du Bac, eröffnete einige Jahre später einen zweiten Laden in der Rue d'Assas und wurde durch seinen Außer-Haus-Service für Speisen und Getränke berühmt; er erhielt dafür den Coq d'Or.

Auch als Chocolatier hat sich Constant einen Namen gemacht. In den vergangenen Jahren verfaßte er wissenschaftliche Abhandlungen über Schokolade sowie ein Buch für Schokoladenliebhaber und arbeitet derzeit an einer großen Enzyklopädie über Schokolade. Unlängst hat er vis-à-vis vom Eiffelturm ein Restaurant eröffnet.

Wie ein großer Magier mixt Constant verschiedene ungewöhnliche Zutaten, die zum Teil von sehr weit her stammen. So enthalten seine Ganache-Füllungen exotische Teemischungen, Blütenöle und Gewürze als Aromen: zum Beispiel jemenitischen Jasmintee, Ylang-Ylang, Neroli (Orangenblüte), Zitronenverbene, Vanille aus Tahiti, Vetiver von der Insel Réunion, Rosen und Trauben aus Korinth, Kardamom von der Pfefferküste (Malabar), chinesischen Ingwer und Safran.

ZUR INFORMATION:

BENOTUNG: ★★★

HERKUNFTSLAND: *Frankreich*

BEZUGSQUELLEN: *Ladengeschäft in der Rue d'Assas 37, Paris 75006, Tel.: 0033–45 48 45 51 und über Mail-order*

PACKUNGSGRÖSSEN: *250g, 500g, 750g, 1 kg; außerdem ein reichhaltiges Sortiment an handgefertigten Geschenkpackungen mit Stoffen in Zusammenarbeit mit der Designerin Sonia Rykiel*

SPEZIALITÄTEN: *Schokoladen-Orangenstäbchen, Ganache-Pralinen mit Kaffeegeschmack, Ganache-Pralinen mit Bitterschokolade. Ein Sortiment an Ostereiern zu Haute-Couture-Themen entstand in Zusammenarbeit mit Yves Saint Laurent, Christian Lacroix, O. Lapidus, André Courrèges, Balmain (Oscar de la Renta), Jean-Louis Scherrer (Mortensen) und Paco Rabanne.*

VERWENDETE KUVERTÜREN: *verschiedene, vorwiegend unter Verwendung von mittelamerikanischen Kakaobohnen sowie Bohnen aus Madagaskar und Sri Lanka, überwiegend Criollo und Trinitario*

Aufwendig gestaltete Geschenkpackung mit exotischen Pralinen-Spezialitäten

Bonbonniere mit einer Auswahl an Pralinen, darunter auch ›zweiphasige‹ Ganache-Pralinen

Christian Constant mit seinem Hund

GESCHMACKSNOTEN:

NOUGATINE: *Paste aus Sesamkörnern, umhüllt von einer dicken Schicht Bitterschokolade mit einem kräftigen, fruchtigen Kakaogeschmack.*

PALAIS D'OR: *zartschmelzende Creme mit einem Hauch von Rum*

JASMINE: *Feiner Grüntee und Ylang-Ylang verliehen dieser Praline ein ganz erlesenes Aroma; sehr fein im Geschmack; butterweich.*

VERBENE: *zitroniges Aroma, sehr ausgewogen im Geschmack; zerging auf der Zunge*

CHINESISCHER INGWER: *Diese vorzügliche, sehr fruchtige Ganache-Praline mit vereinzelten Ingwerstückchen schmeckte kräftig, aber nicht zu stark nach Ingwer.*

MANDARIN: *andierte Orangenschale, von dunkler Schokolade umhüllt*

GANACHE PRALINE: *eine frische, mit Pistazien angereicherte Ganache-Creme*

Christian Saunal

31 AVENUE DES MINIMES,-31200 TOULOUSE
TEL.: 0033-5-61 22 53 42 FAX: 0033-5-61 13 29 52

Die Pâtisserie wurde 1954 von Christian Saunals Vater eröffnet, der bis dahin nur in den besten Häusern Frankreichs gearbeitet hatte. 1974 übernahm Christian Saunal das Geschäft, das in erster Linie eine Konditorei mit einem Café ist. Die Pralinenherstellung gewinnt jedoch von Jahr zu Jahr an Bedeutung, und inzwischen umfaßt sein Sortiment über 50 Pralinensorten und 20 verschiedene Schokoladenkuchen.

Christian Saunal schwelgte bereits als Kind in Schokolade, was kein Wunder ist, wenn beide Eltern in der Konditorbranche tätig sind. Später ging er bei seinem Vater in die Lehre und fand sogar noch Zeit für ein dreijähriges Studium der Physik und Chemie an der naturwissenschaftlichen Fakultät der Universität von Toulouse. Nach dem Studium widmete er sich ganz seiner Karriere als Pâtissier und Chocolatier, und nachdem er eine Zeitlang im elterlichen Betrieb gearbeitet hatte, ver-

ZUR INFORMATION:

BENOTUNG: ★★

HERKUNFTSLAND: *Frankreich*

BEZUGSQUELLEN: *die Filialgeschäfte in der Grande Rue Saint Michel 147, 31400 Toulouse, Tel: 0033–61 52 77 12, und am Marché Victor Hugo, Toulouse, Tel.: 0033–61 13 63 20*

PACKUNGSGRÖSSEN: *250g, 375g, 500g, 750g, 1 kg*

SPEZIALITÄTEN: *Alle 50 Pralinensorten und 20 verschiedene Schokoladenkuchen können als Spezialitäten bezeichnet werden; außerdem glasierte Maronen als saisonale Spezialität.*

VERWENDETE KUVERTÜREN: *Valrhona und Cacao Barry*

GESCHMACKSNOTEN:

Ein gutes Beispiel für Saunals »zweiphasige« Ganache-Pralinen war die mit Earl Grey aromatisierte Tee-Ganache, umhüllt von Manjari, Valrhonas fruchtigster Kuvertüre. Auch die dunkle Trüffel mit dem dezenten Anisaroma, das sehr lange nachschmeckt, fällt unter diese Kategorie.

Hervorzuheben sind auch zwei Palets: Ein Konfekt aus zartschmelzender dunkler Ganache-Creme mit Vanille und Armagnac sowie eine Ganache-Praline unter Verwendung der Valrhona-Kuvertüre Caraïbe und von Armagnac.

vollkommnete er seine Kenntnisse in den besten Häusern der Region. Als er 1974 in den elterlichen Betrieb zurückkehrte, begann er, die feinsten Ganache-Cremes zu kreieren, insbesondere solche, die sich dem Genießer in zwei Phasen erschließen: Zuerst entfaltet sich das blumige Aroma, dann kommen allmählich die anderen Komponenten zum Tragen, wie man es etwa auch bei einem edlen Tropfen Wein erleben kann.

De Bondt

VIA TURATI 22 (CORTE SAN DOMENICO) 56125 PISA
TEL./FAX: 0039-50-50 18 96

De Bondt wurde 1933 von dem holländischen Konditormeister Paul de Bondt und Cecilia Iacobelli, die an der Academia de Belle Arti in Carrara studierte, gegründet. Als Konditormeister und Küchenchef hat de Bondt lange Jahre in Vier- und Fünf-Sterne-Hotels in der Toskana gearbeitet. Er und Cecilia Iacobelli haben es sich zum Grundsatz gemacht, nur erstklassige Pralinen herzustellen – unter Verwendung erlesener Rohstoffe und bester Kuvertüren. Zu den ausgewählten Zutaten gehören Zitronen aus Monterosso, Walnüsse aus Salerno, Mandeln aus Sizilien sowie kandierte Orangen- und Zitronenschale von Früchten aus kontrolliert biologischem Anbau.

Die exquisite Verpackung, harmonisch abgestimmt auf die edlen Pralinenkreationen, wie auch das Ladenlokal verraten ein zeitgemäßes Design. Schlichtheit lautet das Schlüsselwort, das gleicher-

maßen auf die toskanische Küche zutrifft: einfach und sicher eine der besten der Welt.

Ich werde die Entwicklung von de Bondt mit größtem Interesse verfolgen, da die von mir verkostete Auswahl an Pralinen außergewöhnlich war, ja mich von allen Proben am nachhaltigsten beeindruckt hat.

ZUR INFORMATION:

BENOTUNG: ★★★

HERKUNFTSLAND: *Italien*

BEZUGSQUELLE: *Ladengeschäft in Pisa*

PACKUNGSGRÖSSEN: *100g, 150g, 200g, 250g, 300g und 400g*

VERWENDETE KUVERTÜREN: *Streng geheim!*

GESCHMACKSNOTEN:

Die meisten Pralinen waren sehr ausgewogen mit einer Hülle aus feinster dunkler Schokolade und einem weichen Kern. Auffallend war nicht nur die sehr sorgfältige Verarbeitung und Verzierung, sondern auch die vorbildliche Präsentation.

KANDIERTE MELONE MIT HAUBE: *feines Konfekt: durchscheinend, nicht zu süß*

ORANGEN-GANACHE: *rautenförmige Praline, bestäubt mit dunklem Kakaopulver und einem Kern aus aromatischer Ganache-Creme*

ZITRONEN-GANACHE: *Rautenförmige Praline mit dunklem Kakaopulver; die aromatische Creme wurde mit ligurischen Zitronen zubereitet.*

TEE-GANACHE: *Der Schokoladenüberzug war hier ein wenig heller als bei den anderen Pralinen, die Ganache-Creme mit Earl Grey abgeschmeckt, dazu ein Hauch von Jasmin – einfach köstlich!*

GIANDUJA: *köstlich und ausgesprochen nussig im Geschmack – insgesamt sehr frisch*

KASTANIEN-HONIG-GANACHE: *eine Praline von angenehmer Konsistenz*

HANDGEROLLTE TRÜFFEL: *Die Kugel aus zartschmelzender Karamel-Ganache war mit Kakao bestäubt und schmeckte ausgezeichnet.*

WALNUSS-GIANDUJA: *Interessante, leicht körnige Konsistenz; die Nußmasse schmeckte intensiv, aber angenehm nach Walnuß: exzeptionell!*

Herausragend waren außerdem die klassische weiße Trüffel, die Nuß-Häufchen aus Pinienkernen, Mandeln, Rosinen und Haselnüssen, umhüllt mit feiner Bitterschokolade, sowie die bestechende weiche Rum-Rosinen-Ganache.

De Léaucour

45/47 CHAUSSEE D'ESTAIMPUIS, 7712 HERSEAUX-GARE
TEL./FAX: 0032-56-84 34 72

Der Chocolatier bei Chocolats de Léaucour heißt Jean-Louis Marlier und ist von Beruf eigentlich Illustrator. Verzweifelt darüber, daß er in ganz Belgien keine ›richtige‹ Schokolade fand, begann er vor acht Jahren hobbymäßig mit der Herstellung von Schokolade und Pralinen. Mit der Zeit fand er heraus, welche Voraussetzungen nötig waren, um wirklich erstklassige Pralinen herzustellen, und warum die Qualität der industriell gefertigten Erzeugnisse sehr zu wünschen übrig läßt. So verzichtet er zum Beispiel auf eine Extraportion Zucker in den Pralinenfüllungen, was besser für den Schokoladengeschmack und auch für die Gesundheit der Konsumenten ist. So erklärt Jean-Louis Marlier stolz: »Es gibt nichts Schöneres für einen Schokoladenmeister, als Sportler, Herzspezialisten und Ernährungsberater zu seinem Kundenstamm zu zählen«, und er bekommt von vielen seiner Kunden bestätigt, wie bekömmlich seine Produkte sind.

Die Rezepte sind natürlich streng geheim, werden aber ständig einfacher und reiner. Während seine Nuß-Spezialitäten von einer dunklen Kuvertüre mit 55 bis 60 % Kakaoanteilen umhüllt sind, dürfen es beim Orangen-Konfekt ruhig 75 bis 85 % Kakaogesamtmasse sein, damit ein ausgewogener Geschmack zustande kommt. Die Erzeugnisse sprechen für sich.

ZUR INFORMATION:

BENOTUNG: ★★

HERKUNFTSLAND: *Belgien*

BEZUGSQUELLE: *Ladengeschäft in Belgien*

PACKUNGSGRÖSSEN: *250g, 500g, 750g und 1 kg. Auf 1 kg kommen etwa 132 Pralinen, das heißt, sie sind nur etwa halb so groß wie herkömmliche belgische Pralinen.*

SPEZIALITÄTEN: *An sich keine, aber alle Pralinen enthalten nur wenig oder gar keine Butter und werden in der Regel mit Früchten oder Nüssen aromatisiert.*

VERWENDETE KUVERTÜREN: *Streng geheim!*

Kleine dunkle Schokoladentaler mit 85 % Kakaoanteilen

GESCHMACKSNOTEN:

Alle Pralinen werden mit einem manuellen Überzugsverfahren hergestellt. Das hat den Vorteil, daß sich das fertige Konfekt in erfreulicher Weise von der industriellen Massenware abhebt und ein individuelles und ansprechendes Äußeres bekommt. Zwar ist diese Herstellungsmethode sehr zeitaufwendig, und in puncto makelloses Aussehen müssen zuweilen Abstriche gemacht werden, aber seine Kunden stören sich nicht daran, da sie wissen, daß sie ein handgefertigtes Produkt bekommen.

Die Verzierungen auf den flachen Trüffelpralinen lassen auf den Kern schließen. Alle Pralinen sind sehr klein: auf 1 kg kommen statt der üblichen 65 etwa 130 Stück – und das ist alles andere als ökonomisch!

DELEANS

20 RUE CÉRÈS, 51100 REIMS
TEL.: 0033-3-26 47 56 35

Das bereits 1810 von Monsieur Deleans gegründete Unternehmen wurde 1910 vom Großvater des derzeitigen Besitzers J. Gaudon übernommen.

Die Liebe zur Schokolade hat der Maître Chocolatier vom Vater und Großvater geerbt. Schon seit frühester Kindheit ist er mit der Pralinenherstellung vertraut und lernte alle einschlägigen Kniffe von seinem Vater. Nach einer fundierten Ausbildung absolvierte er schließlich auch die Meisterprüfung und arbeitete seither in der Schokoladenherstellung. Vermutlich ist er einer der charmantesten Vertreter dieser alten Zunft.

ZUR INFORMATION:

BENOTUNG: ★★★

HERKUNFTSLAND: *Frankreich*

BEZUGSQUELLE: *das Geschäft in Reims*

PACKUNGSGRÖSSEN: *250 g, 375 g, 500 g, 750 g und 1 kg*

SPEZIALITÄTEN: *Nelusco-Kirschen; Palet Café; Mandel-Praliné; Haselnuß-Praliné; Marzipan*

VERWENDETE KUVERTÜREN:
Gaudon mixt seine eigene Kuvertüre unter Verwendung von Valrhona und Callebaut, die er mit einer Extraportion Kakaobutter und Kakaopulver anreichert.

Fouquet

36 RUE LAFFITTE, 75009 PARIS
TEL.: 0033-1-47 70 85 00

22 RUE FRANÇOIS-1ER, 75008 PARIS
TEL.: 0033-1-47 23 30 36

Seit seiner Gründung im Jahre 1852 bietet Fouquet ein reichhaltiges Sortiment an Lebensmitteln einschließlich Schokolade und Konfekt aus eigener Herstellung an. Das Ladenlokal im 9. Pariser Arrondissement zog schon damals die Boheme an, darunter auch Gertrude Stein. 1926 wurde ein zweiter Laden im vornehmen 8. Arrondissement eröffnet.

Fouquet hält sich noch immer streng an die traditionellen Herstellungsmethoden und verwendet ausnahmslos nur erstklassige Rohstoffe. Derzeit wird der Familienbetrieb in der vierten Generation von Mademoiselle Chambeau-Fouquet und ihrem Neffen Christophe geführt. Die Kakaobohnen werden direkt aus Venezuela importiert, während die Vanille aus Réunion stammt. Da nur ganz frische Zutaten zum Einsatz kommen und auf handwerklicher Basis verarbeitet werden, ist die täglich produzierte Pralinenmenge eher gering. Handgefertigte Schachteln, die stets zwei Lagen

Elegante Verpackung, ganz im Pariser Stil

Pralinen enthalten, dienen als Verpackung, ergänzt durch altmodisches Wachspapier und Satinband.

ZUR INFORMATION:

BENOTUNG: ★★
HERKUNFTSLAND: *Frankreich*
BEZUGSQUELLEN: *zwei Läden in Paris*
PACKUNGSGRÖSSEN: *rechteckige Schachteln: 380 g, 420 g, 570 g, 740 g, 860 g; runde Schachteln: 800 g, 1 kg, 1,4 kg, 2 kg, 3,3 kg*
SPEZIALITÄTEN: *Sehr harte Karamelbonbons. Zu den saisonalen Spezialitäten gehören Schokoladenherzen, gefüllt mit Pralinés; Ostereier; Fische; Glocken; ein Pralinen-Sortiment im Stil des 19. Jahrhunderts, bestehend aus Fondant-Konfekt in Form von Enten, Kaninchen, Fischen, Muscheln und Blumen.*
VERWENDETE KUVERTÜREN: *Streng geheim!*

GESCHMACKSNOTEN:

Diese Pralinen-Spezialitäten erinnerten mich an eine klassische englische Auswahl aus den Tagen des Empire, vor allem, weil die einzelnen Stücke doppelt mit Schokolade überzogen waren.

Die Orangette war keineswegs klebrig, eher trocken, dabei aber sehr fruchtig-aromatisch und nicht zu süß. Eine herzförmige Praline mit gerösteten Mandelstückchen als Füllung war von schlichter Eleganz.

Die Knusperpraline (Croustillant) mit einem dünnen Überzug aus dunkler Schokolade hatte einen keksartigen Kern mit Buttergeschmack.

Caramel Café war von dunkler Kuvertüre umhüllt und ein bißchen zäh, geschmacklich aber ausgezeichnet. Caramel au Chocolat, die Spezialität des Hauses, war eine zähe Karamelmasse, umhüllt von dunkler Schokolade; Praline Domino schließlich schmeckte gut, aber etwas zu süß.

Ein sehr klebriges Marzipan-Konfekt war vermutlich mit Likör getränkt. Zu den Kostproben gehörte auch eine Schokoladen-Ingwer-Praline und eine flache Trüffel mit Kaffeegeschmack.

Francisco Torreblanca

103 AVENIDA JOSÉ MARTINEZ GONZALEZ,
03600 ELDA (ALICANTE)
TEL./FAX: 0034-96-538 82 24

Francisco Torreblanca ist einer von nur vier Konditormeistern in Spanien, die dem *Relais Desserts* angehören. 1988 wurde er zum besten Konditor Spaniens ernannt, 1990 folgte die Auszeichnung als bester handwerklicher Konditor in der Europäischen Gemeinschaft. Torreblanca stellt Feingebäck, Pralinen und Marmeladen her und verwendet dafür nur ausgesuchte Zutaten, die frei von Farb- und Konservierungsstoffen sind.

ZUR INFORMATION:

BENOTUNG: ★★★

HERKUNFTSLAND: *Spanien*

BEZUGSQUELLEN: *das Ladenlokal in Alicante sowie diverse Geschäfte in Spanien*

PACKUNGSGRÖSSEN: *verschiedene Bonbonnieren*

SPEZIALITÄTEN: *Safran- und Zimt-Pralinen; Birnen-Ingwer-Pralinen; edle Schokoladenüberzugsmassen mit Zimt*

VERWENDETE KUVERTÜREN: *Valrhona*

Chef-Pâtissier Francisco Torreblanca

GESCHMACKSNOTEN:

Die von mir verkosteten Pralinen hatten Spitzenqualität, waren aber nicht entsprechend verpackt: Als Behältnis diente ein einfacher Pappkarton, umwickelt mit Geschenkpapier.

FLACHES, RECHTECKIGES KONFEKT: *In eine Ganache-Creme, umhüllt von dunkler Kuvertüre, waren winzige Orangen- und Zitronenschalenstreifen eingearbeitet.*

RECHTECKIGES KONFEKT, MIT DER PRALINENGABEL VERZIERT: *Das subtile Lakritzaroma harmonierte bestens mit der üppigen Ganache-Creme und der knackigen, dunklen Schokoladenhülle.*

SCHICHTPRALINE MIT MILCHSCHOKOLADE: *Der salzige weiße Pistazien-Nougat auf der sahnig-süßen Gianduja-Creme erwies sich als gelungene Mischung.*

OVALE PRALINE MIT MILCHSCHOKOLADE: *Diese Mischung aus Buttertoffee, Karamel und duftendem Ceylon-Tee war sehr edel und ungewohnt im Geschmack.*

PALET ARGENT: *Diese flache Trüffel bestand aus einer zartparfümierten hellen Mandel-Ganache und war umhüllt mit feiner Milchschokolade.*

WHISKY-TRÜFFEL, BESTÄUBT MIT KAKAO: *köstlichste Bitterschokolade in Verbindung mit einer dunklen Whisky-Trüffel*

TRÜFFEL MIT PUDERZUCKER: *Ganache-Creme mit Praliné und vermutlich mit Orange abgeschmeckt; etwas zu süß*

MANDELSPLITTER: *Geröstete Mandelstifte in dunkler Kuvertüre, schmecken ausgezeichnet.*

Gérard Ronay

3 WARPLE WAY, LONDON W3 ORF
TEL.: 0044-181-743 0818

Gérard Ronay, der erst 1989 mit der Schokoladenherstellung begann, ist vermutlich der meistgefeierte Chocolatier Großbritanniens. Nachdem er als Krankenpfleger in der Psychiatrie gearbeitet hatte, ging er bei hochdekorierten Chocolatiers in die Lehre.

Ronay ist bekannt für seinen exzellenten Gaumen sowie für ungewöhnliche Kombinationen aus englischen Rohstoffen und Ganache-Cremes, die er nach klassischer französischer Tradition zubereitet. In bezug auf die genaue Zusammenstellung seiner Rezepte ist er absolut verschwiegen, hat jedoch verlauten lassen, daß er so unkonventionelle Ingredienzen wie Knoblauch und Balsamessig verwendet. Somit sind seine Pralinen-Spezialitäten eine echte Herausforderung für den Tester.

Zu Ostern hat er die wunderschönsten Ostereier im Sortiment, die von Hand mit verschiedenfarbigen Kuvertüren bemalt werden, und es würde mich nicht wundern, wenn viele dieser

Unverwechselbare Verpackung von Gérard Ronay

Kunstwerke nicht aufgegessen würden – sie sind dafür einfach zu schade. Für seine Geranien-Schokolade erhielt Ronay die Ehrenurkunde des Club des Croqueurs du Chocolat in Paris, eine sehr hohe Auszeichnung.

ZUR INFORMATION:

BENOTUNG: ★★★

HERKUNFTSLAND: *Großbritannien*

BEZUGSQUELLEN: *Harrods, Rococo and Theobroma Chocolates, Camden, London. Weitere Verkaufsstellen können telefonisch über die Zentrale erfragt werden.*

PACKUNGSGRÖSSEN: *Minibox mit drei oder vier Pralinen sowie Schachteln à 226 g, 435 g und 907 g*

SPEZIALITÄTEN: *Ostereier, Herzen, Bonbonnieren, Blumen und andere auf Wunsch*

VERWENDETE KUVERTÜREN: *Valrhona, Cacao Barry, Grossistes de France*

GESCHMACKSNOTEN:

Die Ganache-Creme dieser vollmundigen Pralinen war manchmal ein wenig ›sandig‹, aber in der Regel hatten die Pralinen einen zarten Schmelz. Meine Lieblingspraline war die säuerliche Stachelbeer-Ganache, dicht gefolgt von der Rhabarber-Creme. Die Kombination von Dill und Rose war ebenfalls sehr delikat und hatte einen Hauch von Exotik.

Für die Garden Minz Chocolate läßt Ronay frische Gartenminze in Sahne ziehen und vermischt diese mit Schokolade. Das Ergebnis ist eine Ganache, die geschmacklich an junge Kartoffeln, gekocht mit frischer Minze, erinnert.

Tomato war mit Sicherheit die größte Pralinen-Überraschung und schwer zu identifizieren. Die fruchtigen, leicht säuerlichen Nuancen der Ganache-Creme harmonierten bestens mit dem schwarzen Schokoladenüberzug.

Eine Herausforderung an die Geschmacksnerven war auch die Tee-Ganache. Manche würden schwören, daß die Creme mit Lapsang Souchong abgeschmeckt ist, andere tippen auf Earl Grey. Der einzige, der es wirklich weiß, ist Gérard, und der wird es uns nicht verraten.

Smoked Lemon – eine höchst ungewöhnliche Mischung aus Holz-Rauch und Zitronenschale von sehr angenehmer Konsistenz.

Geranium hatte einen feinen Wohlgeruch und harmonierte gut mit der Schokoladen-Ganache.

Außerdem im Sortiment: After-dinner Bitter, Calvados, Karamel-Rosine, Marone, Kaffee, Kaffee-Kardamom, Dattel, Orange, Praliné, Himbeer, Rotwein-Trüffel und Ahornsirup-Walnuß

Jean-Paul Hévin

3 RUE VAVIN, 75006 PARIS
TEL.: 0033-1-43 54 09 85

Jean-Paul Hévin, der den Betrieb 1990 unter seinem Namen gründete, gehört zur neuen Generation der französischen Schokoladenmeister. 1994 wurde er vom Guide Juillard des Croqueurs du Chocolat zum zweitbesten Chocolatier Frankreichs nach Robert Linxe gewählt. Obwohl er erst Anfang Dreißig ist, liegen bereits zehn harte Ausbildungsjahre hinter ihm, und schon früh regnete es Preise: 1988 gewann er den ersten Preis in der Pralinenherstellung und 1986 den Titel Meilleur Ouvrier de France. Er arbeitete unter Joël Rebouchon und Michel Foussart, beides ehemalige Preisträger. Während seiner Zusammenarbeit mit Peltier eröffnete Hévin ein Geschäft in Tokio und war dort ein Jahr lang als Geschäftsführer tätig. Im Anschluß daran kaufte er 1988 sein erstes eigenes Geschäft, ein russisches Teehaus namens Le Petit Boule, in dem er ein reiches Sortiment an dunklen Pralinen-Spezialitäten kreierte.

ZUR INFORMATION:

BENOTUNG: ★★★

HERKUNFTSLAND: *Frankreich*

BEZUGSQUELLEN: *zwei Ladengeschäfte in Paris, ferner über Mail-order oder über Minitel (3615 »Paissio«)*

PACKUNGSGRÖSSEN: *verschiedene Bonbonnieren*

SPEZIALITÄTEN: *flache Ostereier zu Ostern*

VERWENDETE KUVERTÜREN: *Valrhona*

GESCHMACKSNOTEN:

Köstlich duftende Pralinen, umhüllt von dunkler Schokolade, waren wie kostbare Schmuckstücke in einer karamelfarbenen Bonbonniere angeordnet. Alle Pralinen waren außerordentlich delikat: Erst dominierte der kräftige Schokoladengeschmack, dann entfalteten sich leichte, subtile Duftnuancen.

MAUBOURG: *Eine herrlich leichte Praliné-Masse mit winzigen Krokantstückchen.*

ESMERALDA: *Die glänzende, zartduftende Himbeer-Ganache harmonierte bestens mit der Frucht, die intensiv nachschmeckte.*

GANACHE AU THÉ FUMÉ: *Die mit Kakao-Tüpfeln übersäte Ganache war so luftig-leicht, daß das flüchtige Aroma des Rauchtees kaum wahrzunehmen war.*

ZENZERO: *eine fruchtige Ingwer-Ganache mit einer Nuance von schwarzer Lakritze*

KEOPS: *Das gespritzte Pistazien-Marzipan war umhüllt von edler Bitterschokolade.*

LE PETIT BOULE: *Die Kombination aus Ganache-Creme und feinem Schokoladenkaramel zerging wie Butter auf der Zunge.*

CAPARUNA: *Die dunkle Schokoladen-Ganache mit dem Duft von Heidekraut beschwor die Erinnerung an warme Sommertage herauf.*

LE 1502: *eine gehaltvolle Sahne-Ganache, bitter und etwas herb im Geschmack*

Joël Durand

5 QUAI CHATEAUBRIAND, 35000 RENNES
TEL.: 0033-2-99 78 10 00

Das kleine Geschäft mit Konditorei wurde 1987 in einem sehr schönen Barockhaus inmitten der Altstadt von Rennes eröffnet. Talent und Originalität bewies Joël Durand von Anfang an mit seinen Kuchen-Kreationen und den handgefertigten Pralinen. In der Pâtisserie fand er den idealen Ort, um seiner Phantasie freien Lauf zu lassen. Auf der Grundlage einer Ganache-Creme experimentierte er mit so unterschiedlichen Aromen wie Lavendel, Thymian, schwarzem Pfeffer und Nelken und kreierte damit edle Genüsse, ausgewogen und fein im Geschmack.

Mit 28 Jahren ist Joël Durand der jüngste Chocolatier, der vom Club des Croqueurs du Chocolat in den Kreis der zehn besten Schokoladenmeister Frankreichs gewählt wurde. Normalerweise hat jeder Chocolatier eine eigene ›Handschrift‹, zumeist ein bestimmtes Pralinendessin. Bei Joël Durand

ZUR INFORMATION:

BENOTUNG: ★★★

HERKUNFTSLAND: *Frankreich*

BEZUGSQUELLE: *ein Ladengeschäft in Rennes*

PACKUNGSGRÖSSEN: *250g und 375g*

SPEZIALITÄTEN: *Numerierte Ganache-Pralinen, abgeschmeckt mit Earl Grey, Zimt, Jasmintee, Lapsang Souchong, frischer Minze, Lavendel, Muskat, Lakritze, Kardamom, Thymian, Nelken und Sichuanpfeffer.*

VERWENDETE KUVERTÜREN:
Cacao Barry; seit neuestem tüftelt Durand mit Kakaobohnen aus Guyana und Kamerun an seiner eigenen Kuvertüre.

ist dies eine Numerierung. Jede seiner 26 Pralinensorten läßt sich anhand einer Zahl identifizieren, die in einem speziellen Verfahren mit Kakaobutter auf die Schokoladenoberfläche geschrieben wird. Jeder Pralinenschachtel liegt eine Liste mit Angaben zu den jeweiligen Zahlen bei. Etwas schwierig wird es bei 6 und 9 – ich konnte sie nicht auseinanderhalten.

GESCHMACKSNOTEN:

NR. 2: *eine helle, sahnige Ganache mit viel Orangenschale, aber etwas trockener Konsistenz*

NR. 5: *Der Earl Grey von ›Maison Damann‹ ist ein Klassiker; hier verbindet er sich mit einer zartschmelzenden hellen Ganache, ausgewogen im Geschmack und sehr duftintensiv.*

NR. 6: *Ein Hauch von Zimt umgab eine delikate, zartschmelzende Ganache-Creme, die mit Zimttee (»Weihnachtstee«) des Pariser Teehauses Marriage Frères abgeschmeckt ist.*

NR. 7: *Die zartduftende Jasmintee-Ganache war deliziös und sehr ausgewogen im Geschmack.*

NR. 9: *Eine Ganache-Creme aus weißer Schokolade, aromatisiert mit frischen Minzeblättchen: eine feine, sehr ausgewogene Mischung, die butterweich im Mund zerging.*

NR. 10: *Die Lavendel-Ganache mit dem Kräuteraroma, das mich an Rosmarin erinnerte, erwies sich als außerordentlich gelungene Komposition.*

NR. 11: *Muskat, Zimt, Zitronenschale und Réunion-Vanille – eine erlesene Geschmackskomposition, die sehr an Weihnachten erinnerte.*

NR. 12: *das Glanzstück – eine gelungene Kombination von weißer Schokolade und Lakritze*

NR. 14: *Eine Karamel-Ganache, die intensiv nach gebranntem Zucker schmeckte; salzige Butter sorgte für eine interessante Geschmacksvariante.*

NR. 16: *eine Ganache-Creme, angereichert mit sonnengetrockneter Réunion-Vanille*

NR. 24: *mit schwarzem Pfeffer abgeschmeckte Ganache-Creme, eine der gewagteren, aber köstlichen Kombinationen*

JUNCAL

CALLE RECOLETOS NO 15, 28001 MADRID
TEL: 0034-1-435 13 55

Dieser Familienbetrieb wurde vor über 100 Jahren von Doktor Zaragueta, dem Urgroßvater des jetzigen Inhabers, gegründet. Er betrieb die Pralinenherstellung als Hobby und verteilte das Konfekt an Freunde und Angehörige. Der erste Süßwarenladen wurde 1950 in Irún eröffnet und nach einer Schutzheiligen, der Jungfrau von Juncal, benannt. Nach dem Umzug 1953 nach Madrid entwickelte sich das Geschäft bald zu einem der führenden in der Stadt. Heute kümmert sich Jesús-Maria Zaragueta Elgorriaga um den Fortbestand der Tradition. Er überwacht die Pralinenherstellung und kümmert sich zudem um das Management, das Marketing und die Verpackungen. Das Familienunternehmen wird auch in der fünften Generation fortgeführt, denn Elgorriagas Töchter haben sich ebenfalls entschieden, »den Menschen das Leben zu versüßen«.

Manuel Humbrados Llana arbeitet seit über 30 Jahren als Schokoladenmeister in dem Betrieb und verdankt seine Fertigkeiten noch den Mitarbeitern, die einst unter der Anleitung von Dr. José Gil und Dr. Zaragueta die Kunst der Pralinenherstellung erlernten.

Juncals Schriftzug auf einer Geschenkpackung

ZUR INFORMATION:

BENOTUNG: ★

HERKUNFTSLAND: *Spanien*

BEZUGSQUELLEN: *der genannte Laden und in der Calle Maiquez No. 3 in Madrid sowie ein Geschäft in Bilbao*

PACKUNGSGRÖSSEN: *verschiedene Schachteln sowie viele phantasievoll aufgemachte Geschenkpackungen*

SPEZIALITÄTEN: *über 80 verschiedene Schokoladenerzeugnisse, darunter glasiertes Fondant-Eigelb, Toffees mit Schokoladenüberzug, Aprikosen in Likör, Ostereier in 25 verschiedenen Größen, Schokoladenküken, -hühner, -hasen, -kaninchen, -glocken und Valentinsherzen.*

VERWENDETE KUVERTÜREN:
Kuvertüre aus eigener Herstellung

GESCHMACKSNOTEN:

Ein Likör-Konfekt aus weißer und dunkler Butter-Ganache war umhüllt von dunkler Kuvertüre; eine Kugel aus weißer Schokolade bestand aus einer sehr süßen und künstlich schmeckenden weißen Schokoladencreme.

Die in Kakao gewälzte Périgord-Trüffel mit angenehm kräftigem Kakaoaroma bestand aus einer aufgeschlagenen Rum-Ganache und war von fein temperierter Schokolade umhüllt.

Die Krustenpraline enthielt eine sirupartige Flüssigkeit, der dunkle Schokoladenüberzug schmeckte etwas verbrannt und hatte ein sehr künstliches Vanillearoma.

Beim Walnuß-Schokoladen-Konfekt handelte es sich um eine sehr aromatische dunkle Schokolade, die Gianduja-Füllung war hart und süß.

Eine Praline mit dunklem Schokoladenüberzug war mit einer leider sehr süßen Buttercreme gefüllt – wie auch die sahnigen Praliné-Trüffel.

Die Dior-Trüffel bestand aus Milchschokolade mit Haselnuß-Kaffee-Geschmack, das quadratische Konfekt aus Milchschokolade enthielt eine stark mit Kirschwasser abgeschmeckte Ganache.

Das Konfekt in der Metallmanschette war eine Kombination aus süßer, sandiger weißer Schokolade und gerösteten Mandeln.

L. HEINER

CAFÉ KONDITOREI, WOLLZEILE 9, 1010 WIEN
TEL.: 0043-1-512 23 43

ZUR INFORMATION:

BENOTUNG: ★★

HERKUNFTSLAND: *Österreich*

BEZUGSQUELLEN: *Café-Konditorei in der Wollzeile, drei Geschäfte in Wien, außerdem ein Laden in der Wienergasse 16, 2380 Perchtoldsdorf*

PACKUNGSGRÖSSEN: *200g und 250g*

SPEZIALITÄTEN: *Mozartkugeln, Nougat, Trüffel, Mandel-Orangen-Torte und Prinz-Eugen-Torte*

VERWENDETE KUVERTÜREN:

Streng geheim!

La Praline Chocolatier

2A AVENIDA DE LOS PALOS GRANDES, EDIFICIO ARTELITO,
LOCAL 4, APTDO 2389, CARMELITAS, CARACAS
TEL.: 0058-424-284 99 86 FAX: 0058-424-285 21 61

Das Unternehmen wurde 1985 von Ludo und Lisette Gillis gegründet, zwei gebürtigen Belgiern, die sich in Venezuela niederließen, da sie von der Spitzenqualität des dortigen Kakaos begeistert waren. Ludo Gillis hatte die Pralinenherstellung bei dem Schokoladenmeister Hans Burie in Antwerpen von der Pike auf gelernt, mußte diesem aber versprechen, später in der Nähe kein Konkurrenzunternehmen zu eröffnen. Außerdem belegte Gillis Kurse in der Piva-Schule bei so berühmten Lehrmeistern wie Roger Geerts und F. Adriaenssens.

Mit fundierten Kenntnissen in der Pralinenherstellung ausgestattet, nahmen Ludo und Lisette Gillis schließlich die eigene Produktion in klimatisierten Räumen in Caracas auf. Da Venezuela in den Tropen liegt, herrschen hier auch im Winter häufig Durchschnittstemperaturen von 20 °C, was die Einheimischen jedoch nicht davon abhält, Schokolade zu essen: Sie frönen dieser Leidenschaft das ganze Jahr über. Unter Verwendung der hier angebauten edlen Criollo-Kakaobohnen – die in Europa nur schwer zu beschaffen sind – und frischen Macadamia- und Paranüssen sowie Cashewkernen haben die Gillis ein einzigartiges Sortiment an tropischen Pralinen kreiert und in Zusammenarbeit mit dem venezolanischen Kuvertüreproduzenten El Rey eine hochwertige Schokolade hergestellt, für die nur die erlesensten Bohnen Verwendung finden und bei der die fertige Schokoladenmasse wesentlich länger als üblich conchiert wird.

ZUR INFORMATION:

BENOTUNG: ★★

HERKUNFTSLAND: *Venezuela*

BEZUGSQUELLEN: *Läden in Caracas, außerdem Fünf-Sterne-Hotels und Menü-Bringdienste*

PACKUNGSGRÖSSEN: *250g, 500g und 1 kg*

SPEZIALITÄTEN: *Macadamia-Marzipan und Cashew-Praliné*

VERWENDETE KUVERTÜREN:
Helle und dunkle El-Rey-Kuvertüre, hergestellt mit erlesenen venezolanischen Kakaobohnen, außergewöhnlich fein und mild im Aroma. Weiße Kuvertüre von Belcolade aus Belgien

GESCHMACKSNOTEN:

Hierbei handelte es sich um ein klassisches belgisches Sortiment in Form gegossener Pralinen. Da einige Erzeugnisse frische Sahne enthalten, müssen sie innerhalb kürzester Zeit verzehrt werden. Bei einem Besuch der Produktionsstätte in Caracas schmeckten die Pralinen ganz anders und wesentlich besser als die eingeschickten Proben.

Die Maiz-Schokoladenmousse war locker-luftig und sehr süß. Die Herz-Praline bestand aus einer Cointreau-Ganache in dunkler Schokolade, und Vanessa hatte einen Praliné-Kern.

Macadamia-Marzipan war zweifellos das interessanteste und gelungenste Konfekt.

Probiert habe ich außerdem Cupid, einen butterweichen Karamel, der eine Spur zu verbrannt schmeckte; Tree Trunk aus edlem, angenehm knusprigem Krokant; Caribe-Moka, eine sehr gute, nicht zu süße Praline und Marzipan aus frisch gemahlenen Nüssen – leider zu süß.

Die 500g-Geschenkpackung von La Praline

LALONDE

59 RUE ST DIZIER, 54400 NANCY
TEL.: 0033-3-83 53 31 57   FAX: 0033-3-83 32 51 83

Der 1850 von Jean-Fréderic Goddefroy Lillig gegründete Betrieb war von Anfang an auf die Zuckerbäckerei und Pralinen ausgerichtet. Zusammen mit seinem Neffen erfand Lillig das Bergamotte-Bonbon, das seitdem eine typische Spezialität im Elsaß ist. Bergamots de Nancy ist heute sogar die gängige Bezeichnung für diese flachen, viereckigen Bonbons, die mit Bergamotteöl aromatisiert werden. Im Jahre 1901 übernahm Albert Lalonde das Geschäft. Es blieb ein Familienbetrieb, bis es 1970 von Fernand Bader gekauft wurde. 1984 kam Jean-Luc Guillevic dazu, der das Unternehmen seit 1994 leitet. Alle Chocolatiers, die bei Lalonde arbeiten, sind im Hause ausgebildet worden und bleiben ihrem Meister gewöhnlich treu, bis sie in Rente gehen. Die Rezepturen, Methoden und Betriebsgeheimnisse aus der über 150jährigen Firmengeschichte sind somit in sicheren Händen und ein fester Bestandteil des Unternehmens.

Außer Bergamotte-Bonbons gehören Craquelins, knuspriges Kleingebäck, zum Sortiment, neun Sorten Konfekt auf Marzipanbasis, aromatisiert mit verschiedenen Früchten oder Alkohol und umhüllt von einer dünnen Schicht karamelisiertem Zucker, ferner die Duchesses de Lorraine, Mandel- oder Haselnuß-Pralinés in Zuckerguß. Außerdem produziert die Firma Lalonde auch einige der besten handgefertigten Pralinen Frankreichs.

ZUR INFORMATION:

BENOTUNG: ★★

HERKUNFTSLAND: *Frankreich*

BEZUGSQUELLEN: *zwei Läden in Nancy und Metz, außerdem weltweit über Mail-order*

PACKUNGSGRÖSSEN: *250g, 350g, 500g, 750g, 950g sowie diverse Geschenkpackungen*

SPEZIALITÄTEN: *Pralitas – Mandel-Praliné-Krokant, Pavé du Roi – Mandel-Praliné mit Pistazien, Nelusco – Haselnuß-Praliné mit Kaffeegeschmack, Stanislas – Birnen-Ganache, Feuillantines – Trauben-Ganache, außerdem Krustenpralinen mit alkoholischer Füllung, zum Beispiel Kirschwasser, Himbeer- und Mirabellengeist, sowie die Chardons de Lorraine, die aussehen wie handgetauchte Trüffel und ebenfalls mit einer Spirituose gefüllt sind*

VERWENDETE KUVERTÜREN: *überwiegend Caraque und Extra Amer von Valrhona (für dunklen Schokoladenüberzug); Superalpina für Milchschokolade*

GESCHMACKSNOTEN:

Dank der stabilen Verpackung im Stil der Fünfziger Jahre kamen die Pralinen unbeschadet an; vom intensiven Duft der edlen Bitterschokolade war nichts verlorengegangen.

Die über 60 Pralinensorten ließen sich in drei Grundtypen unterteilen: Mandel-Haselnuß-Pralinés, Trüffelpralinen mit Ganache-Creme und Alkoholpralinen.

Die Aufmachung der Pralinen überzeugte: Sie hatten eine seidig-glänzende Oberfläche und waren alle von Hand eingetaucht, bis auf die blattförmige Praline und eine flache Trüffelpraline mit dem Abdruck einer Krone, die als Füllung eine knusprige Praliné-Masse enthielt.

Makellos war der Palet d'Or: Die sehr fruchtige, vollmundige, nach Vanille schmeckende Ganache-Creme zerging butterweich auf der Zunge.

Daneben gab es eine Grand-Marnier-Ganache in perfekt abgestimmter dunkler Kuvertüre und eine köstliche Weinbrand-Kirsche im Schokoladenmantel, eingewickelt in rote Folie.

Le Chocolatier

1834 N.E. 164TH STREET,
NORTH MIAMI BEACH, FLORIDA 36162
TEL.: 001-305-944 3020 FAX: 001-305-354 8489

Das 1980 von Nancy Jehlen gegründete Kleinunternehmen war schon bald bekannt für die hervorragende Qualität seiner Erzeugnisse und gewann entsprechend viele Preise. 1986 kauften Joseph Marmor und Baruch Schaked das Geschäft und steigerten die Pralinenproduktion um mehr als das Dreifache. Heute beliefert das Unternehmen große Hotels, Kreuzfahrtlinien, Catering-Services und Feinschmeckerläden im Süden Floridas.

Als Schokoladenmeister ist Baruch Schaked tätig, der die Pralinenherstellung in Deutschland erlernte und eine der führenden Schokoladenfabriken Argentiniens leitete.

ZUR INFORMATION:

BENOTUNG: ★

HERKUNFTSLAND: *USA*

BEZUGSQUELLEN: *über Mail-order überall in den Vereinigten Staaten*

PACKUNGSGRÖSSEN: *Kleinstpackungen mit zwei oder vier Stück; Schachteln mit 113 g, 226 g, 340 g, 435 g, 680 g und 935 g*

SPEZIALITÄTEN: *Vier Sorten Trüffel: einfache Schokoladentrüffel, Amaretto-Trüffel, Grand-Marnier-Trüffel und Himbeer-Trüffel mit frischen Früchten; viele Festtags-Spezialitäten und eine Auswahl an koscheren Pralinen, ferner diverse Schokoladenfiguren wie Flaschen, David-Sterne, Holzschuhe etc.*

VERWENDETE KUVERTÜREN: *Guittard (ein amerikanischer Hersteller)*

GESCHMACKSNOTEN:

Die Trüffelpralinen waren recht gut und einfach, befremdlich wirkten jedoch die farbigen Glasuren aus Zuckerguß zur Unterscheidung der jeweiligen Geschmacksrichtung. Interessant war das flechtenartige Muster aus Kakaopulver und Puderzucker auf der würfelförmigen Praline. Alles in allem waren die Fondantpralinen entschieden zu süß und geschmacklich etwas gewagt.

Gelungen fand ich eine dunkle Ganache-Praline von angenehm weicher Konsistenz und umhüllt von hochwertiger dunkler Schokolade; außerdem eine zartschmelzende Rum-Ganache, die nicht zu stark nach Alkohol schmeckte, sowie eine quadratische Trüffelpraline mit edler Bitterschokolade. Andere Pralinen waren weniger überzeugend: etwa die dunkle Vanille-Fondantpraline mit weißen Streifen und die Fondantpraline mit Ahornsirup – beide zu süß.

Das mit heller Kuvertüre überzogene Ama84

retto-Marzipan-Konfekt war zwar gelungener als die Fondantpralinen, klebte aber trotzdem an den Zähnen. Auch hier wurde das an sich gute Aroma von zuviel Zucker überdeckt.

Die klebrige Minze-Füllung der Lemon Pie hatte einen künstlichen Beigeschmack. Von allen Pralinen mochte ich diese am wenigsten.

Le Roux

18 RUE DU PORT-MARIA, 56170 QUIBERON
TEL.: 0033-2-97 50 06 83 FAX: 0033-2-97 30 57 94

Le Roux Caramelier-Chocolatier wurde 1977 von Henri Le Roux und seiner Frau Lorraine im französischen Badeort Quiberon gegründet. Anfangs verkauften die beiden Eiscreme und Pralinen, aber mit der Zeit entwickelte sich das Pralinengeschäft so gut, daß sie die Eiscreme-Produktion einstellten. Le Roux ist weit über die Grenzen Frankreichs hinaus bekannt. Das liegt zum Teil an seiner Erfindung des Karamels mit gesalzener Butter. So außergewöhnlich wie der Karamel sind auch die exquisiten Pralinen in bewährter französischer Machart – mit reichlich Schokolade und Butter, nicht zu süß und überaus delikat –, während das virtuose Herstellungsverfahren sehr an die schweizer Tradition erinnert.

Der Schokoladenmeister Henri Le Roux ist der Sohn eines Konditors, der in den USA, Australien und Frankreich arbeitete. So lernte Henri die Welt der feinen Backwaren und der Schokolade bereits in jungen Jahren kennen. Nach harten Lehrjahren kehrte Le Roux an seinen Heimatort Pont l'Abbé zurück, wo er sein Können noch mit den Tricks und Kniffen seines Vaters vervollständigte, bevor er 1977 zusammen mit seiner Frau ein eigenes Geschäft eröffnete. Er hat stets großen Erfindungsreichtum bewiesen, sei es mit seinem berühmten Karamel, seinen Petites douceurs gourmandes (kleinen Schleckereien) oder anderen Originalrezepten, in der die französische Tradition der Zuckerbäcker weiterlebt.

Le Roux' Pralinen sind in verschiedenen Bonbonnieren erhältlich.

ZUR INFORMATION:

BENOTUNG: ★★★

HERKUNFTSLAND: *Frankreich*

BEZUGSQUELLEN: *Ladengeschäft in Quiberon und weltweit über Mail-order*

PACKUNGSGRÖSSEN: *verschiedene*

SPEZIALITÄTEN: *In Zusammenarbeit mit dem Trüffelkönig Jacques Pebeyre kreierte Henri Le Roux 1989 eine zartschmelzende dunkle Schokoladen-Trüffel, die winzige Späne von frischen schwarzen Périgord-Trüffeln enthielt und die gleich zwei Coq-d'Or-Auszeichnungen gewann. Leider bekam ich davon keine Kostprobe, aber mit der unvergleichlichen Würze dieses Pilzes muß diese Kombination ein ganz erlesener Genuß sein, der leider nur in der Saison von Oktober bis Februar erhältlich ist.*

VERWENDETE KUVERTÜREN: *aus französischer Herstellung*

GESCHMACKSNOTEN:

CORTÉS: *Eine aromatische und zartschmelzende Ganache auf einer Unterlage aus Mandel-Praliné*

CBS: *Die zähe Karamelmasse mit dem salzigen Beigeschmack (aufgrund der gesalzenen Butter) erwies sich mit den knusprigen Mandeln und Haselnüssen als überaus gelungene Kombination.*

KYRA: *Diese deliziöse Kaffee-Ganache hatte eine leicht körnige Beschaffenheit und war mit einem Schuß Cognac abgeschmeckt.*

SUZETTE: *Dieses knusprige Walnuß-Praliné-Konfekt war ziemlich süß.*

SYLVIE: *Die feinherbe Ganache-Praline zerging butterweich auf der Zunge.*

Die Pralinenauswahl enthielt außerdem Louison, eine mit Früchten angereicherte Karamelmasse in zarter Schokoladenumhüllung; Tantzor, eine Ganache-Creme aus reinen Criollo-Bohnen auf einer Schicht Ingwer-Marzipan und Harem, eine mit Minztee aromatisierte Ganache-Creme.

LETUFFE

10 PLACE FRANÇOIS, LOUVEL, ANGOULÊME
TEL.: 0033-5-45 95 00 54

Das 1873 gegründete Unternehmen wurde 1950 von der Familie Letuffe erworben. Während die Pralinen anfangs noch von Hand gefertigt wurden, zog 1955 mit einer Maschine für den Pralinenüberzug der technische Fortschritt ein. Als der derzeitige Leiter Jean-Pierre Letuffe den Betrieb übernahm, wurde die Produktion regionaler Spezialitäten stärker in den Vordergrund gestellt. Dazu gehörte auch die Verwendung von Erzeugnissen aus der Umgebung wie Charentes-Butter und Crème fraîche.

Pralinenherstellung bei Letuffe

ZUR INFORMATION:

BENOTUNG: ★★

HERKUNFTSLAND: *Frankreich*

BEZUGSQUELLEN: *Ladengeschäft in Angoulême und über Mail-order*

PACKUNGSGRÖSSEN: *250 g, 350 g, 500 g, 750 g, 1 kg und 1,5 kg; außerdem Geschenkpackungen à 600 g, 800 g und 1 kg*

SPEZIALITÄTEN: *Palets d'Or; Salamandres, eine Schokoladencreme, angereichert mit Rosinen und Milchkaramel, nach dem Wappen von König Franz I.; Cognaçais, eine Praline mit dem Wappen der Stadt Cognac; Marguerite d'Angoulême, eine Pralinen-Kreation zu Ehren von Margarete von Navarra, der Schwester des Königs Franz I.; andere Pralinen unter Verwendung von Sahne, Butter und Spirituosen aus der Region*

VERWENDETE KUVERTÜREN: *Streng geheim!*

GESCHMACKSNOTEN:

Als störend empfand ich den intensiven Orangenduft, der über der ganzen Verpackung hing. Die Pralinen schmeckten angenehm nach Sahne und Butter – hier war der Einfluß der Charente unverkennbar –, während die Schokolade trotz des dominierenden Vanille- und Orangenaromas eher etwas fade war.

Die Tulpe aus Milchschokolade war sehr süß und mit Vanille- und Mandelessenz aromatisiert. Unter dem Schokoladenmantel, der mit einem violetten Blütenblatt verziert war, verbarg sich eine Ganache-Creme mit Lakritzgeschmack.

Die Füllungen waren generell mit zuviel Alkohol abgeschmeckt.

So enthielt die dunkle Krustenpraline mit Pineau des Charentes (ein Likörwein aus der Charente) entschieden zuviel von der hochprozentigen Spirituose, aber auch andere Pralinen waren mit feurigem Branntwein gefüllt. Das Nußkonfekt war stellenweise etwas weich, so daß die Unterscheidung von Mandeln und Pistazien schwerfiel.

Mary

73 RUE ROYAL, 1000 BRÜSSEL
TEL.: 0032-2-17 45 00

Die Chocolaterie-Confiserie Mary wurde 1919 von Marie Delluc gegründet, die im Jahre 1942 zur Hoflieferantin der belgischen Königsfamilie ernannt wurde, ein Privileg, das ihr 1990 und 1994 erneut zuteil wurde. Das Unternehmen ist noch immer in Familienbesitz und wird derzeit von der dritten Generation geführt.

Maître Chocolatier ist Jean Lamberty, der in die Familie einheiratete und sich einen Kindheitstraum erfüllte, indem er Schokoladenhersteller wurde. Liebhaber gehaltvoller, sahniger Füllungen sollten seine Pralinen unbedingt kosten. Da die edlen Schokoladenerzeugnisse in Goldfolie gewickelt sind, sieht man zunächst nichts von ihrem seidigen Glanz und all dem Können, das in ihre Herstellung eingeflossen ist. Bei den recht großen und sorgfältig gearbeiteten Pralinen überwiegen einfache Formen.

Klassisches Interieur im Brüsseler Ladengeschäft

ZUR INFORMATION:

BENOTUNG: ★

HERKUNFTSLAND: *Belgien*

BEZUGSQUELLE: *Ladengeschäft in Brüssel, keine telefonische oder schriftliche Bestellung*

PACKUNGSGRÖSSEN: *250g, 500g, 750g und 1 kg*

SPEZIALITÄTEN: *Pralinés mit sehr dunklem Schokoladenüberzug (Kakaogehalt mindestens 70 bis 90 %) als Kontrast zu den süßen, zartschmelzenden Füllungen, häufig unter Zugabe von Crème fraîche. Das Pralinen-Sortiment umfaßt 72 Sorten, überwiegend vorgegossene Schokoladenhohlkörper mit einer Füllung aus Praliné, Krokant und Buttercreme. Alle Pralinen werden von Hand gefertigt und enthalten weder Farbstoffe noch künstliche Aromen. Saisonale Spezialitäten wie Nikolausstiefel, Weihnachtsbäume, Krippenszenen und Ostereier*

VERWENDETE KUVERTÜREN: *Spezialanfertigung von Callebaut aus dem 440 Bohnenmischungen umfassenden Sortiment*

GESCHMACKSNOTEN:

Eine gegossene Praline mit Mandel-Krokant war recht süß, die Pralinémasse im Innern enthielt Krokantsplitter. Eine andere Praline in Kuppelform mit einem Milchschokolade-Deckel war mit dünnflüssiger Weinbrand-Buttercreme gefüllt.

Das Körbchen aus Milchschokolade enthielt eine Kaffee-Buttercreme mit feingehackten Mandeln.

Der dunkle Würfel enthielt eine Buttercreme-Füllung und war übersät mit winzigen Vanille-Pünktchen, doch leider viel zu süß.

Eine Weinbrand-Kirsche war in dunkle Ganache-Creme eingebettet, und eine geschmacklich ausgewogene Praline mit Milchschokolade hatte einen Kern aus Karamel-Ganache.

Melchior Chocolates

STATION ROAD, SOUTH MOLTON, DEVON EX36 3LL
TEL.: 0044-1769-57 44 42

Im Jahre 1977 eröffnete der gebürtige Schweizer Carlo Melchior zusammen mit seiner englischen Frau ein Restaurant an der Westküste Englands. Weil er keine wirklich guten Pralinen als Beigabe zum Kaffee nach dem Essen auftreiben konnte, beschloß er mit seinen klaren Vorstellungen von guter Schokolade, sich selbst an ihrer Produktion zu versuchen. In den ersten Jahren kamen nur die Restaurantbesucher in den Genuß seiner Erzeugnisse, doch beflügelt durch die positive Resonanz, verkaufte er schließlich das Restaurant und ließ sich in der kleinen Ortschaft Chittlehampton in Devon nieder. Bevor Melchior seine Pralinen auf den Markt brachte, besuchte er zahlreiche Kurse in der Schweiz, und erst als er mit seinen Erzeugnissen rundum zufrieden war, suchte er potentielle Kunden auf, um seine Waren anzubieten. Die ersten waren

Fortnum & Mason in London, die von seinen Pralinen sehr angetan waren und noch heute zu Melchiors besten Kunden zählen, ja in Zusammenarbeit mit ihm sogar diverse Pralinen-Spezialitäten entwickelt haben. Mittlerweile haben die Melchiors ihren Kundenstamm, zu dem inzwischen auch eine Reihe von Spezialgeschäften in ganz Großbritannien gehört, erweitert. 1993 wurden sie mit der Henrietta-Green-Rosette für die besten Pralinen in Großbritannien ausgezeichnet.

Einige der vielen saisonalen Spezialitäten

ZUR INFORMATION:

BENOTUNG: ★★

HERKUNFTSLAND: *Großbritannien*

BEZUGSQUELLEN: *Fortnum & Mason, Mangetout in Guernsey und ausgesuchte Filialen von J. Sainsbury plc.; weltweit über Mail-order*

PACKUNGSGRÖSSEN: *von 300g bis 2 kg*

SPEZIALITÄTEN: *Frucht- und Alkohol-Trüffel, Krustenpralinen mit flüssiger alkoholischer Füllung; persönliche Schokoladensignets sowie Weihnachtsartikel*

VERWENDETE KUVERTÜREN: *Max Felchlin, Maestrani.*

GESCHMACKSNOTEN:

Diese Pralinen sind nach klassischem Schweizer Vorbild sorgfältig gearbeitet. Die dunklen Trüffel waren gehaltvoll und zartschmelzend. Vorzüglich schmeckten die hellen Champagner-Trüffel, die Kirsch- und die Himbeer-Trüffel. Kombinationen aus Erdbeer, Banane und weißer Schokolade sind zwar ungewöhnlich, waren aber sehr gelungen.

Michel Chaudun

149 RUE DE L'UNIVERSITÉ, 75007 PARIS
TEL.: 0033-1-47 53 74 40

In dem 1986 eröffneten Geschäft – ein Musterbeispiel an Ordnung und Harmonie – sieht man Michel Chaudun häufig selbst hinter der Theke stehen, wo er alle Kunden mit der gleichen Herzlichkeit begrüßt. Wenn er in den hinteren Produktionsräumen viel zu tun hat, kümmert sich seine Frau um den Verkauf.

Chaudun begann seine Ausbildung vor gut dreißig Jahren, als er gerade 14 war. Er lernte Chocolatier, Glacier (Eiskonditor) und Pâtissier (Konditor) und kam dann nach Paris, wo er in den besten Häusern der Stadt arbeitete, vor allem bei Robert Linxe im Maison de Chocolat und im Maison LeNôtre. Chaudun versteht sich nicht nur auf die Herstellung erlesener Pralinen, er fertigt auch die unglaublichsten Skulpturen aus Schokolade an. Für seine Nach-

Pralinen in exklusiver Verpackung, zum Beispiel in einer ›Zigarettenschachtel‹ mit Wachssiegel

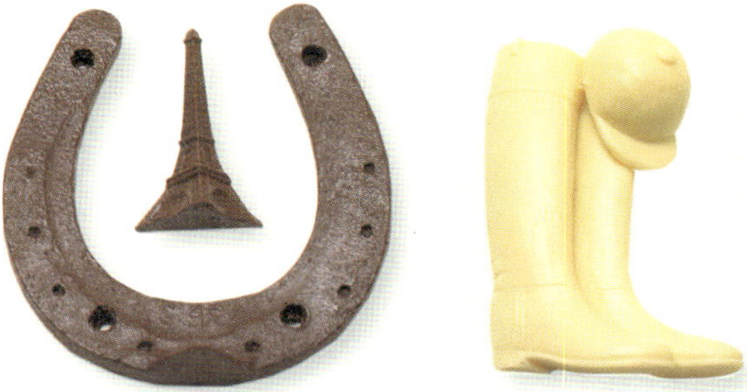

bildung des Tutanchamun gewann er 1965 einen Preis, und auch sonst findet sein Können international große Anerkennung. Zu seinen ungewöhnlichsten Aufträgen gehörte ein nach Luft schnappender Kugelfisch, der auf dem besten Wege war, zu Sashimi (in dünne Scheiben geschnittener roher Fisch) verarbeitet zu werden – vermutlich hatte ein Japaner ihn bestellt –, und ein künstliches Gebiß, das sich an einem Kandiszucker-Stand in Blackpool gut gemacht hätte.

Michel Chaudun lebt und arbeitet getreu dem Motto: Freude haben und anderen Freude bereiten.

ZUR INFORMATION:

BENOTUNG: ★★★

HERKUNFTSLAND: *Frankreich*

BEZUGSQUELLEN: *Läden in Paris und Tokio*

PACKUNGSGRÖSSEN: *250 g, 375 g und 500 g, Geschenkkartons von 410 g bis 3 kg sowie Kleinpackungen zu 100 g und 200 g*

VERWENDETE KUVERTÜREN:
Zum Überziehen der Pralinen werden nur die besten französischen Kuvertüren verwendet, hergestellt aus ausgesuchten Edelkakaos, wie dem südamerikanischen Criollo und Trinitario sowie der venezolanischen Arriba (Ecuador), während afrikanischer Forastero-Kakao von der Elfenbeinküste zur geschmacklichen Abrundung der feinen Criollo-Bohnen dient.

Michel Chaudun präsentiert seine Spezialitäten.

GESCHMACKSNOTEN:

Eine wunderschöne Schachtel, die sich wie eine Packung Zigaretten öffnen ließ, enthielt kleine makellose Kuvertüre-Würfel von exquisitem Aroma. In einer anderen Schachtel befanden sich runde Plättchen aus zartschmelzender Bitterschokolade mit gerösteten Mandeln; die Schokolade war sehr fein und ausgewogen im Geschmack.

Von den etwa 30 verschiedenen Pralinen, darunter auch feinaromatische Ganaches und Pralinés, waren alle von Hand mit Kuvertüre überzogen und nicht getaucht. Jede einzelne Praline war von handwerklicher Perfektion und wurde mein Maßstab für höchste Qualität.

Zu den von mir verkosteten Pralinen gehörte der Palet d'Or mit einer sehr sahnigen Ganache-Creme und kräftigem Schokoladengeschmack, der lange am Gaumen blieb; Samurai, eine Ganache-Creme mit Vanille und Praliné; Veragua, eine Praliné-Karamelmasse, die sehr gut, aber auch sehr süß war; und eine Rosette mit dunklem Schokoladenüberzug und weißer Spitze; diese überaus köstliche Praline bestand aus einer rumgetränkten Rosine, eingebettet in Marzipan unter dunkler Ganache-Creme.

Die exquisite Orangette war eine wirklich gelungene Kombination von makelloser, feingehackter Orangenschale und dunkler Schokolade, übersät mit gerösteten Mandeln.

Die dunklen Schokoladenplättchen enthielten winzige Partikel von geröstetem Kakaobruch in zartschmelzender Kuvertüre.

Dieser Auswahl werde ich mit Sicherheit nie überdrüssig.

Micheli

1 RUE MICHELI-DU-CREST, 1205 GENF

TEL.: 0041-22-329 90 06 FAX: 0041-22-781 40 34

Das Ehepaar Pierre und Liliane Poncioni hat sich in den letzten dreißig Jahren mit Leib und Seele der Schokolade verschrieben. Während Pierre die Pralinen herstellt, kümmert sich Liliane um den Verkauf, und trotz der vielen Stunden, die sie in ihrem Geschäft zubringen, haben sie das Lachen nicht verlernt, denn sie lieben ihre Arbeit. Ihre Tochter Jannick und ihr Sohn Didier arbeiten ebenfalls mit: Jannick backt die Kuchen für das kleine Café, wo man an sonnigen Sommertagen auf der Terrasse auch Eis essen kann, und Didier erledigt den Papierkram.

Eigentlich müßte Micheli einen Preis dafür bekommen, daß er der einzige Schweizer Chocolatier ist, der sich auf dunkle Schokolade spezialisiert hat – doch nicht auf irgendeine dunkle, sondern auf reine, unverfälschte Tafelschokolade aus 100 % Kakao. Seine Leidenschaft für Bitter-

schokolade erklärt Pierre folgendermaßen: »Anfangs bevorzugt wohl jeder Milchschokolade, aber mit der Zeit ändert sich das. Es ist im Grunde wie beim Wein: Am Ende landen alle echten Weinkenner doch beim Burgunder.«

ZUR INFORMATION:

BENOTUNG: ★★

HERKUNFTSLAND: *Schweiz*

BEZUGSQUELLEN: *Ladengeschäft in Genf und weltweit über Mail-order*

PACKUNGSGRÖSSEN: *verschiedene*

SPEZIALITÄTEN: *Tafelschokolade mit 75, 85 und sogar 100 % Kakaoanteilen, Trüffel, Pavé Genèvois, Eiscreme, Gebäck und Tee*

VERWENDETE KUVERTÜREN: *Streng geheim!*

GESCHMACKSNOTEN:

DUNKLE PRALINE MIT EINER MANDEL: *gefüllt mit knusper-zarter Haselnußmasse, dazu ein Hauch von Orange*

DREIECK MIT DUNKLER KUVERTÜRE: *Diese köstliche Komposition aus karamelisierten Mandeln und nussigem Praliné zerbricht beim Hineinbeißen leicht.*

NOISETTE-SCHICHTPRALINE: *Die Außenschichten waren allzu kräftig mit Orange abgeschmeckt. Alles in allem war die Praline sehr süß und hatte einen leicht künstlichen Beigeschmack.*

GESPRITZTE MILCHSCHOKOLADE: *Diese verlockend aussehende Praline enthielt als Kern eine kandierte Kirsche und ist somit ausgesprochen süß.*

TRÜFFELPRALINE MIT DUNKLER KUVERTÜRE: *Die von einem knackigen Schokoladenmantel umgebene Füllung bestand aus einer stark alkoholischen Trüffelmasse von zartschmelzender Konsistenz und aus körnigem Marzipan – alles in allem eine interessante und gelungene Kombination, bei der der Alkohol dominierte.*

RECHTECKIGE PRALINE MIT DUNKLEM SCHOKOLADENÜBERZUG: *Unter der knackigen Schale verbarg sich ein süßer Pralinékern, der nach frisch gerösteten Nüssen duftete, mit der herben Bitterschokolade bestens harmonierte und lange nachschmeckte.*

Die Schokolade aus 100 % brasilianischem Kakao hatte kein sehr ausgeprägtes Aroma und schmolz nur langsam im Mund. Dennoch ist sie ein interessantes Geschmackserlebnis und die ideale Ergänzung zu einem extrastarken Espresso.

Oberweis

19 GRAND-RUE, 1661 LUXEMBURG
TEL.: 00352-47 07 03 FAX 00352-49 31 41

Oberweis ist als Konfiseur, Konditor und Eiskonditor in Luxemburg eine Institution. Das 1964 von Pit Oberweis gegründete Unternehmen, in dem mittlerweile auch seine beiden Söhne arbeiten, expandierte so stark, daß ein Umzug in eine eigens errichtete Produktionsstätte erforderlich wurde. Zum Unternehmen gehört heute auch ein Restaurant mit 100 Plätzen, in dem kleine Mahlzeiten gereicht werden. Oberweis besitzt in Luxemburg inzwischen fünf Läden, beschäftigt insgesamt 90 Angestellte und gehört dem angesehenen Relais Desserts an.

ZUR INFORMATION:

BENOTUNG: ★★

HERKUNFTSLAND: *Luxemburg*

BEZUGSQUELLEN: *Fünf Läden in Luxemburg und weltweit über Mail-order*

PACKUNGSGRÖSSEN: *verschiedene*

SPEZIALITÄTEN: *Spekulatius, Printen, Basler Leckerli (Honigkuchen), Spitzkuchen, Stollen, Baumkuchen und Marzipanfiguren*

VERWENDETE KUVERTÜREN:
Valrhona für die Ganache-Cremes, Lindt zum Überziehen und Ausgießen von Trüffelschalen

Ortrud Münch Carstens

425 EAST 58TH STREET, NEW YORK, NY 10022
TEL.: 001-212-752 9591

Ortrud Carstens hat sich mit ihrem 1987 gegründeten Unternehmen einen Platz auf dem exklusiven New Yorker Schokoladenmarkt erobert. Bei ihr kommen nur auserlesene Zutaten und die besten Kuvertüren zum Einsatz, und alles wird mit größter Sorgfalt verarbeitet. Nach Möglichkeit verwendet sie frische Rohstoffe aus kontrolliert biologischem Anbau. Ihre Schokoladenerzeugnisse werden täglich von ausgesuchten Delikatessenläden und Caterern an die Kunden gebracht. Ortrud Carstens' oberste Maxime ist es, Pralinen mit einem hohen Kakaoanteil und wenig Zucker herzustellen, damit der volle Schokoladengeschmack mit allen Nuancen und Untertönen erhalten bleibt. Ganz gleich, um welchen Pralinentyp es sich handelt, der vielschichtige Charakter ihrer Kuvertüre wird nie durch andere Aromazutaten überlagert, sondern es kommt stets eine geniale Verbindung zwischen der Schokolade und den naturbelassenen Zutaten zustande.

Zum Ausgleich für ihre puristische Einstellung gegenüber Schokolade fertigt Ortrud Carstens sehr schöne und originelle Figuren an, darunter auch ›rostige‹ Werkzeuge aus Schokolade, die, wie könnte es anders sein, nur aus feinster Kuvertüre bestehen. Für ihre Arbeit ist Ortrud Carstens mehrfach ausgezeichnet worden, unter anderem 1990 als ›Best Chef in America‹. Privatkunden und Presseleuten, insbesondere denen aus der Fachpresse, bietet sie Intensivkurse in Schokoladenherstellung an. Auch Spezialaufträge gehören zu ihrem Aufgabenbereich, so zum Beispiel Lilien aus weißer Schokolade mit Kolben aus Ingwer, eine von Hand gerollte Schokoladenzigarre – gefüllt mit einer Champagner-Ganache – für einen berühmten amerikanischen Modeschöpfer und viele andere Bestellungen von europäischen und amerikanischen Designern.

›Rostige Werkzeuge‹ aus Schokolade

ZUR INFORMATION:

BENOTUNG: ★★★

HERKUNFTSLAND: *USA*

BEZUGSQUELLEN: *Dean and Deluca in New York und Washington D. C., Mad 61 und Manhattan Fruiterer in New York*

PACKUNGSGRÖSSEN: *Pralinen werden lose nach Gewicht oder stückweise verkauft; die ›Werkzeuge‹ gibt es nur als Set in einer offenen Werkzeugkiste aus Holz.*

SPEZIALITÄTEN: *Trüffeln, Palets, kunstvolle Schokoladenfiguren, gegossen und handgefertigt, Früchte mit Schokoladenüberzug sowie Figuren und Motive zu diversen Festtagen*

VERWENDETE KUVERTÜREN: *ausschließlich Valrhona, insbesondere die Grands Crus von ausgesuchten Kakaobohnensorten*

GESCHMACKSNOTEN:

Hauchdünne Scheiben getrockneter Bartlett-Birnen von der kalifornischen Westküste wurden zur Hälfte in eine fruchtige dunkle Kuvertüre getaucht. Die Schokolade harmonierte bestens mit der natürlichen Fruchtsäure und dem leicht körnigen Fruchtfleisch der Birnen.

Seidig glänzende, hauchdünne Blätter aus Bitterschokolade bildeten die Unterlage für einen Streifen würzige Orangenschale, eine getrocknete Preiselbeere oder ein Stück Ingwer. Die Earl-Grey-Trüffel waren ein duftendes, delikates Meisterwerk, in dem Schokolade, Sahne und aromatisierter Tee perfekt harmonierten.

Palais du Chocolat

1200 19TH STREET, NW, WASHINGTON, D.C. 20036
TEL.: 001-202-659 4244 FAX: 001-202-723 8970

Dominique Leborgne, der Schokoladenmeister im Palais du Chocolat, konnte sich mit seinen erstklassigen französischen Pralinen und feinen Backwaren in relativ kurzer Zeit auf dem Markt etablieren und blickt auf eine fundierte Ausbildung bei hochdekorierten Meistern in Frankreich zurück. Er gewann bereits Goldmedaillen beim Grand Prix International de la Chocolaterie in Frankreich und zahlreiche andere Preise. Sein Verdienst ist auch die Einführung der europäischen Schokoladentechnologie in den USA, unter anderem einer deutschen Maschine für den Schokoladenüberzug – die Pralinen werden über ein Förderband bis hin zur Kuvertüre transportiert – von denen es in ganz Nordamerika nur zwei gibt.

Leborgne importiert nur die edelsten Kuvertüren aus Frankreich und Belgien. Weil ihm viel daran liegt, die französische Tradition fortzusetzen, reist er mehrmals im Jahr nach Frankreich, um sich mit Kollegen auszutauschen und in bezug auf Neuentwicklungen auf dem laufenden zu bleiben. Den Unterschied zwischen Massenware und Schokolade aus handwerklicher Produktion erklärt er folgendermaßen: »Wir produzieren Tag für Tag frische Ware, während die Großunternehmen schon jetzt ihre Ware für das kommende Weihnachtsgeschäft herstellen.«

Eine Pralinenpackung in geschmackvoller Aufmachung

In seiner Anfangszeit lehnte er manchmal Aufträge ab, um einem drohenden Qualitätsverlust vorzubeugen. Leborgne ist eben in jeder Beziehung Perfektionist.

ZUR INFORMATION:

BENOTUNG: ★★

HERKUNFTSLAND: *USA*

BEZUGSQUELLEN: *drei Niederlassungen in Washington D.C., innerhalb der USA über den Versandhandel*

PACKUNGSGRÖSSEN: *Schachteln mit 2, 4, 8, 16 und 30 Stück*

SPEZIALITÄTEN: *die nebenstehenden Geschmacksnoten sowie saisonale Spezialitäten (gegossene Figuren) und Fruchtpasten*

VERWENDETE KUVERTÜREN: *Callebaut, Cacao Barry sowie Guanaja und Caraque von Valrhona*

GESCHMACKSNOTEN:

HIMBEER: *Eine flache Praline, bestäubt mit Kakaopuder, enthielt eine sehr feine, zartschmelzende, beinahe flüssige Himbeer-Ganache.*

AMARETTO: *eine süße, in der Konsistenz angenehme Amaretto-Ganache mit Milchschokolade*

KAFFEE: *Die mit dunkler Schokolade überzogene Kaffee-Ganache war butterweich auf der Zunge.*

VALENTIN: *Das dunkle Schokoladenherz war mit einer zartschmelzenden, aber geschmacklich recht faden Karamel-Ganache gefüllt.*

SCHOTTISCHE TRÜFFEL: *Das mit Puderzucker bestäubte Schokoladenstäbchen enthielt als Kern eine helle Trüffelmasse, die mit schottischem Whisky abgeschmeckt war..*

WILD-TRÜFFEL: *Eine locker-luftige Trüffelmasse mit feinem Kakaopuder, zartschmelzend, aber leider zu wenig Schokolade.*

EARL GREY: *Eine wunderbar duftende, sahnigsüße Tee-Ganache, sehr ausgewogen im Geschmack.*

Peltier

66 RUE DE SÈVRES, 75007 PARIS
TEL.: 0033-1-47 34 08 62 FAX: 0033-1-40 65 93 98

6 RUE SAINT-DOMINIQUE, 75007 PARIS
TEL.: 0033-1-47 05 50 02

Das 1880 gegründete und durch Sorbets berühmt gewordene Unternehmen gehört in der Schokoladenbranche eher zu den Newcomern: Die Pralinenproduktion wurde erst 1978 aufgenommen. Inzwischen beschäftigt es aber bereits drei Chocolatiers.

ZUR INFORMATION:

BENOTUNG: ★★
HERKUNFTSLAND: *Frankreich*
BEZUGSQUELLEN: *zwei Geschäfte in Paris*
PACKUNGSGRÖSSEN: *Pralinenschachteln sowie eine Auswahl an Bonbonnieren und mit Pralinen gefüllten Porzellanschüsseln*
SPEZIALITÄTEN: *Muscadine-Trüffel (Muskatellertraube), Sèvrelinettes, Lucien; auch Sonderbestellungen werden ausgeführt; zum Vatertag Pfeifen und Werkzeuge und zu Karneval Masken und Clowns.*
VERWENDETE KUVERTÜREN:
Valrhona und Cacao Barry

Pierre Colas

2 RUE CAMPAGNE, 4577 MODAVE
TEL.: 0032-2-648 08 93 FAX: 0032-2-541 21 76

Quentin Michel und sein Cousin Laurent Michel gründeten Pierre Colas 1987, als beide noch studierten. Ihr Ziel war ein Geschäft in relativ kleinem Rahmen, das sie neben ihrem Studium betreiben konnten. Quentin Michel hatte als angehender Politologe keinerlei Erfahrung in der Schokoladenherstellung, während sein Cousin Laurent vor seinem Studium der Betriebswirtschaft bereits als Konditor in Brüssel gearbeitet und dabei auch Einblick in die Schokoladenherstellung gewonnen hatte.

Ihre Kenntnisse über Schokolade sind das Ergebnis ständigen Experimentierens in der Entwicklungsphase von Pierre Colas. Als Schaltzentrale und Küche dient ein winziges Bauernhaus auf dem Land. Dort wird die Schokolade auf Marmorplatten temperiert, ehe die alten Formen einzeln von Hand gefüllt werden.

ZUR INFORMATION:

BENOTUNG: ★★

HERKUNFTSLAND: *Belgien*

BEZUGSQUELLEN: *spezielle Süßwarengeschäfte in Belgien, Spanien und Frankreich; in London exklusiv über Rococo, wo auch eine Liste der Läden ausliegt*

PACKUNGSGRÖSSEN: *70-g-Tafeln oder 20-g-Tafeln als Probepackung*

SPEZIALITÄTEN: *Schokoladentafeln à 70 g*

VERWENDETE KUVERTÜREN: *Belcolade von einem hervorragenden belgischen Kleinproduzenten*

GESCHMACKSNOTEN:

Die 70-g-Tafeln gab es in ungewöhnlichen Kombinationen aus dunkler und heller Schokolade mit Kräutern und Gewürzen, aber auch als klassisches Sortiment. Bei den extravaganten Schokoladenkompositionen mit rosa Pfefferkörnern, Thymian, Lavendel, Kardamom, Wacholder und Earl Grey ergänzten sich wider Erwarten das kräftige Aroma der Bitterschokolade (mit 60 % Kakaoanteilen) und die flüchtigen Duftkombinationen vortrefflich. Das Sortiment umfaßt außerdem die Geschmacksrichtungen Mokka, Krokant, geröstete Mandeln, Kokosnuß, Zimt, kandierter Ingwer, Bitterorange und Karamel.

Pierre Ginet

9 RUE DE LA CHARITÉ, 69002 LYON
TEL.: 0033-4-78 42 09 82   FAX: 0033-4-78 37 94 07

Pierre Ginet ist ein Chocolatier alter Schule. Er gründete seinen Betrieb 1965 und erklärt voller Stolz, daß er an die Auswahl und Qualität der verwendeten Zutaten und an die Bedienung seiner Kunden höchste Ansprüche stelle. Das Unternehmen produziert »Haute-Couture«-Pralinen und hat damit diverse Preise auf Fachausstellungen in ganz Europa gewonnen. Diese Qualität zeigte sich auch deutlich an der Präsentation seiner Erzeugnisse: seidig glänzende Pralinen, die herrlich duften.

ZUR INFORMATION:

BENOTUNG: ★★

HERKUNFTSLAND: *Frankreich*

BEZUGSQUELLEN: *Ladengeschäft in Lyon und weltweit über Mail-order*

PACKUNGSGRÖSSEN: *250 g, 375 g, 500 g, 800 g, 1 kg und 1,6 kg*

SPEZIALITÄTEN: *Perle noire (»schwarze Perle«), Guignol de Lyon (»Kasper von Lyon«), Foulard de Lyon (»Halstuch von Lyon«), Palets d'or, Truffes fleuries (Trüffel)*

VERWENDETE KUVERTÜREN: *Valrhona*

Richard Donnelly Fine Chocolates

1509 MISSION STREET,
SANTA CRUZ, CA 95060
TEL. UND FAX: 001-408-458 4214

Dieses 1988 als reiner Versandhandel gegründete Unternehmen erwies sich als so saisonabhängig, daß der Einzel- und Großhandel bald immer mehr an Bedeutung gewannen. Richard Donnelly studierte zunächst Jura, erkannte jedoch sehr bald, daß dies nicht sein Weg war. Also machte er sich auf nach Europa und ging nach Paris, um dort Chocolatier zu werden. Schließlich erhielt er das Angebot, für Wittamer in Brüssel zu arbeiten.

Nach seiner Rückkehr in die Vereinigten Staaten arbeitete Donnelly eine Zeitlang als Chocolatier und Hilfskonditor bei Jean-Yves Duperret in der Nouvelle Pâtisserie in San Francisco. Trotz der

Die mundgerechten Schokoladen, die Donnelly berühmt gemacht haben

fundierten Ausbildung, die Donnelly in Europa genossen hatte, war er hellauf begeistert von Duperret und dessen Backkunst, die seiner Ansicht nach die europäische bei weitem übertraf. Der Gedanke an ein eigenes Geschäft ließ ihn bald nicht mehr los. Und er begann mit der Produktion in der Küche seiner Mutter in Boston, später zog er nach Santa Cruz um und ist heute ein vielversprechender Vertreter der jungen amerikanischen Chocolatier-Generation.

Seine kleinen, edel verpackten Schokoladentafeln in diversen Geschmacksrichtungen haben ihn berühmt gemacht. Jede Tafel ist in handgeschöpftes japanisches Reispapier – in Hellgrün, Braun, Grau, Burgunderrot oder Schwarz – eingewickelt. Die Tafelgröße von 50 g ist perfekt, gerade recht, um sie mit ein paar Genießern zu teilen. Die Schokoladen selbst sind glatt und glänzend; für die gefüllten Sorten werden zuerst sogenannte Schokoladenhülsen gegossen, in die die jeweiligen Füllungen – flüssige, halbflüssige oder feste – eingelegt und anschließend ›gedekkelt‹ werden, das heißt, der Schokoladenboden der Tafel wird darübergegossen. Dadurch ist die Füllung sicher von den Schokoladenschichten umschlossen, und nichts kleckert oder klebt.

ZUR INFORMATION:

BENOTUNG: ★★★

HERKUNFTSLAND: *USA*

BEZUGSQUELLEN: *Schokoladentafeln in manchen Cafés; ansonsten über Mail-order*

PACKUNGSGRÖSSEN: *177g, 340g, 453g*

SPEZIALITÄTEN: *Donnelly vertreibt auch edle Kuvertüre von Callebaut und Valrhona zum Essen und Backen oder für die Zubereitung von Trinkschokolade. Saisonale Spezialitäten sind Weinflaschen aus Schokolade, gefüllt mit verschiedenen Trüffeln oder mit Mandeln in Kakaomasse und Kuvertüre*

VERWENDETE KUVERTÜREN: *Valrhona, Callebaut und Cacao Barry*

GESCHMACKSNOTEN:

IN KUVERTÜRE GETAUCHTE AUSTRALISCHE APRIKOSE: *Nach dem Auswickeln kam ein klebriges Konfekt in Form einer Schildkröte zum Vorschein. Der Schokoladenüberzug duftete verführerisch; darunter verbarg sich eine sehr große, ziemlich süße und saftige Aprikose.*

HASELNUSSPRALINE MIT DUNKLER KUVERTÜRE: *Diese knackige, ausgesprochen fruchtige Schokolade enthielt zahlreiche fein geröstete Haselnüsse und war ganz frisch.*

KAFFEE-BUTTERCREME: *Der Überzug aus Milchschokolade war nicht zu süß und die Füllung bestand aus einer lockeren Mousse.*

MACADAMIANUSS MIT WEISSER KUVERTÜRE: *Im Vergleich zur übermäßigen Süße anderer Erzeugnisse aus weißer Schokolade war dies Spitzenqualität.*

PISTAZIEN-MARZIPAN: *Die Marzipanmasse war sehr weich, angenehm saftig und enthielt erfreulicherweise keine künstlichen Aromen.*

GIANDUJA-HASELNUSS: *Die ovale Praline mit hellem Schokoladenüberzug enthielt eine weiche Ganache-Creme und war mit frisch gemahlenem Kaffee durchsetzt. Der leichte Bittergeschmack war ein angenehmer Kontrast zur Milch.*

SCHOKOLADEN-TRÜFFEL: *Diese feinen, handgefertigten Trüffel waren mit duftendem Kakaopulver bestäubt und in Folie gewickelt.*

DOPPELT GETAUCHTE MACADAMIANUSS: *Die Nüsse wurden zuerst in weiße und dann in dunkle Schokolade getaucht – zusammen mit den leicht salzigen Nüssen eine vorzügliche Kombination.*

Rococo

von Nigel Slater

321 KINGS ROAD, LONDON SW3 5EP
TEL.: 0044-171-352 5857   FAX: 0044-171-352 7360

Wenn Sie die King's Road in London Richtung Westen entlanggehen, treffen Sie auf das winzige Geschäft Rococo von Chantal Coady. Als Absolventin der Kunsthochschule hat sie die Gestaltung des Geschäfts selbst übernommen, das ganz in der Farbe gezuckerter Mandeln gehalten ist.

Chantal Coady eröffnete 1983 diese Fundgrube für Köstlichkeiten aller Art, und das fröhliche Treiben, das hier herrscht, steht im krassen Gegensatz zu den geheiligten Hallen der Schokoladenabteilung von Harrods, wo sie als Studentin arbeitete. Ich war geradezu überwältigt von der magischen Atmosphäre, vor allem aber von den Schokoladenerzeugnissen. Die Spezialitäten von Rococo sind Schokoladentafeln aus manueller Herstellung, die in Belgien eigens für Rococo

Die Aufschrift auf der Verpackung stammt aus dem Schokoladen-Katalog der Firma Etang aus dem Jahre 1906.

ZUR INFORMATION:

BENOTUNG: ★★

HERKUNFTSLAND: *Großbritannien*

BEZUGSQUELLEN: *Rococo, Conran Shop (London), ansonsten über Mail-order*

PACKUNGSGRÖSSEN: *Pralinenschachteln à 226g, 340g, 453g, 680g, 907g sowie Hutschachteln à 3,6 kg*

SPEZIALITÄTEN: *Von Hand gefertigte und Grand-Cru-Schokoladentafeln; im Sommer Kapstachelbeeren, umhüllt von Caraïbe, und Erdbeeren in weißer Schokolade; zu Ostern Hasen und Wachteleier aus Grand-Cru-Schokolade sowie mit Pralinen gefüllte Eier*

VERWENDETE KUVERTÜREN: *Valrhona, Manjari (für die Trüffel) und Caraïbe (zum Eintauchen).*

(s. Pierre Colas) produziert werden. Diese sehr schön geformten Tafeln in originellen Geschmacksrichtungen – teils mit außergewöhnlichen Zutaten – und unter Verwendung

GESCHMACKSNOTEN:

Die handgetauchten Pralinen waren mit Geranien-, Himbeer- oder Kaffeecreme sowie Pistazien-Marzipan gefüllt.

Die Sahne-Trüffel mit dunklem Schokoladenüberzug gibt es in den Geschmacksrichtungen Orange, Irish Coffee und Amaretto.

Die ›Truffes Maison‹ werden von Hand mit der Valrhona-Kuvertüre Manjari gefertigt.

von erlesener Schokolade werden Chantal Coadys hohen Ansprüchen gerecht.

Die Grand-Cru-Tafeln werden aus den edelsten Kakaobohnen hergestellt. Dazu gehört auch Manjari, eine herrlich fruchtige Schokolade aus Criollo-Kakao, sowie eine Schokolade aus nur einer einzigen Bohnensorte mit ausgeprägten Nuancen von Balsam, Mandeln und grünem Tee. Zu den Hausmarken zählt eine reine chocolat blanc und eine feinherbe chocolat amer.

Sara Jayne

517 OLD YORK ROAD, LONDON SW18 1TF
TEL.: 0044-181-874 8500

Sara Jayne entdeckte ihre Liebe zu Schokolade und gutem Essen, als sie eine Klosterschule besuchte, die in bezug auf die mittägliche Schulspeisung sehr zu wünschen übrigließ. Nachdem sie 15 Jahre lang als Regisseurin für Film und Fernsehen gearbeitet hatte, erlebte Sara 1982 ihr ›Damaskus‹: Sie gab ihren Beruf auf und frönte fortan ihrer heimlichen Leidenschaft, dem Essen und Kochen. Als Leiterin der Public-Relations- und Marketing-Abteilung der Académie Culinaire de France in Großbritannien hatte sie oft mit berühmten Mitgliedern der Académie zu tun, unter anderem mit Albert und Michel Roux, von denen sie nicht nur lernte und sich inspirieren ließ, sondern die ihr auch mit Rat und Tat zur Seite standen.

Kaum beherrschte sie die Kunst der Schokoladenherstellung, begann Sara Jayne mit ihrer eigenen Produktion daheim in ihrer Küche. Noch heute arbeitet sie tagsüber in der Académie Culinaire und abends zu Hause, um ihre berühmten Trüffel herzustellen. Als Zutaten verwendet sie ausschließlich

Schokolade, Sahne und nach Bedarf Alkohol, jedoch keine Butter oder irgendein anderes Fett, um die Trüffel nicht zu schwer und mächtig zu machen. »Butter und andere Fette beeinträchtigen den Geschmack stark und verlängern auch die Haltbarkeit der Trüffel nicht. Ich habe frische Sahne-Trüffel in einem Labor untersuchen lassen, und sie waren genauso gut wie Trüffel, die bereits eine Woche alt waren.« Letztlich ist dies – wie auch die Wahl der Kuvertüre – natürlich eine Frage des persönlichen Geschmacks. Sara Jayne taucht alle ihre Trüffel von Hand, und diese Methode hat, wie sie selbst sagt, nach zwölfjähriger Praxis ihren Tribut gefordert, denn inzwischen leidet sie an einem ›Trüffel-Ellbogen‹.

ZUR INFORMATION:

BENOTUNG: ★★

HERKUNFTSLAND: *Großbritannien*

BEZUGSQUELLEN: *Specialities from St. Quentin, House of Albert Roux; bei J. Sainsbury plc. in London; über Mail-order*

PACKUNGSGRÖSSEN: *Schachteln à 226g und 453g*

SPEZIALITÄTEN: *auf Bestellung*

VERWENDETE KUVERTÜREN:
Cacao Barry und Fleur de Cocoa

Verpackung und Pralinen von Sara Jayne – beides in edler Aufmachung

GESCHMACKSNOTEN:

Die Trüffel waren angenehm luftig und leicht, die Füllungen von blasser Farbe. Obwohl jede anders aussah, hatten sie eine identische Konsistenz und unterschieden sich auch geschmacklich kaum.

Eine feinherbe Ganache-Praline war von dunkler Schokolade umhüllt; eine andere dunkle Ganache-Creme, mit Calvados und Brombeere abgeschmeckt, hatte einen Überzug aus dunkler Kuvertüre und war mit Puderzucker bestäubt.

Eine elfenbeinfarbene längliche Ganache-Praline war mit Earl-Grey-Tee aromatisiert; ein ›Venus-Nippel‹ bestand aus einer Kaffee-Ganache, die mit Arabica-Bohnen und Kaffeelikör abgeschmeckt war, umhüllt von weißer Schokolade mit dunkler Haube.

Eine Champagner-Ganache war mit weißer Schokolade überzogen; es gab noch eine Ganache-Praline mit Milchschokolade; eine in Kakaopulver gewälzte Trüffel enthielt eine leicht knusprige, mit Ingwer und Gewürzen abgeschmeckte Masse.

SCHAETJENS

21 RUE DES 3 CAILLOUX, 80000 AMIENS
TEL.: 0033-3-22 91 32 73 FAX: 0033-3-22 92 26 18

Die Familie Lenne führt das Geschäft in der dritten Generation, und in dem Laden selbst sind bereits seit 1767 professionelle Zuckerbäcker am Werk. Außer M. Lenne, der seit 1957 als Chocolatier arbeitet, und seiner Frau, die 1965 dazukam, um ihn bei der Geschäftsführung zu unterstützen, sind derzeit 14 Angestellte in dem Betrieb beschäftigt.

Geschenkpackung von Schaetjens

ZUR INFORMATION:

BENOTUNG: ★★

HERKUNFTSLAND: *Frankreich*

BEZUGSQUELLE: *Laden in Amiens*

PACKUNGSGRÖSSEN: *Schachteln von 250 g bis 1 kg sowie Geschenkpackungen von 350 g bis 2 kg*

SPEZIALITÄTEN: *Milleniumsengel zu Ehren der Kathedrale von Amiens; die Saleika, eine Kreation von M. Lenne: eine Kirsche, die ein Jahr in Cognac ›Fine Champagne‹ eingelegt und dann in Schokolade getaucht wird; Pralinés mit Haselnuß und Mandel; eine große Auswahl an Weihnachtsartikeln; zu Ostern handgefertigte Praliné-Eier auf Bestellung, was sehr ungewöhnlich ist, da die meisten Chocolatiers die Eier von Schokoladenfabriken beziehen – geschmacklich kein Vergleich!*

VERWENDETE KUVERTÜREN:

Von Valrhona Extrabitter, Café Noir und als helle Kuvertüre Superalpina; von Cacao Barry die extrabittere Guyaquil und die Mi-Amère. Alle Pralinen werden von Hand getaucht.

GESCHMACKSNOTEN:

Ein rechteckiges Konfekt mit drei dunklen Linien auf dem dunklen Schokoladenüberzug enthielt eine außergewöhnlich gute, süße Pralinémasse; eine runde Praline mit einem Stück kandierter Zitrusschale war mit sehr süßem Orangen-Marzipan gefüllt; eine andere runde Praline mit dunkler Kuvertüre enthielt eine tiefdunkle, aufgeschlagene Ganache-Creme als Füllung.

Eine Weinbrandkirsche in Schokolade war äußerst hochprozentig.

Eine Praline enthielt einen Kern aus Walnuß-Marzipan. Ein dunkler Schokoladenüberzug hätte als Kontrast besser gepaßt.

SLITTI

VIA FRANCESCA SUD, 240 51015 MONSUMMANO TERME (PT)
TEL. UND FAX: 0039-572-640240

Andrea Slittis Vater gründete 1969 die Kaffeerösterei Caffè Slitti, doch sein Sohn fand Schokolade weitaus reizvoller. Als die Kaffeerösterei 1986 in ein größeres Gebäude umzog und ein Café hinzukam, packte er die Gelegenheit beim Schopfe und richtete sich einen eigenen Raum ein, in dem er Schokolade herstellen konnte.

Trotz einer ›Grundausbildung‹ in der Schokoladenherstellung bezeichnet Slitti sich selbst als Autodidakt, der praktisch sein ganzes Wissen dem Umstand verdankt, daß er viele Tage und Nächte in seinem Experimentierraum verbrachte. Es dauerte nicht lange, bis er die Kunst der Schokoladenproduktion beherrschte und wundersame Gegenstände aus Schokolade kreierte. Durch Mundpropaganda und Zeitungsartikel angelockt, ließen die Schokoladenliebhaber nicht lange auf sich warten. Als Lehrer ist Slitti mittlerweile sehr gefragt, doch er weigert sich standhaft, sein Geschäft zu verlassen. Allerdings vermittelt er interessierten Schülern in seinen Produktionsräumen an zehn Tagen im Jahr grundlegende Kenntnisse rund um die Schokolade und referiert über die Geschichte des Kakaos und die verschiedenen, im Handel erhältlichen Kakaosorten.

Pralinen-Spezialitäten in hübscher Aufmachung

Im Oktober 1993 mußten seine Freunde und Kollegen ihn mühsam dazu überreden, an der internationalen Ausstellung im französischen Laragne teilzunehmen. Er schlug alle 43 Mitbewerber und gewann als erster Italiener die Goldmedaille in Frankreich. Dieser Sieg berechtigte ihn zur Teilnahme an der Endausscheidung des Grand Prix International de la Chocolaterie, der alle zwei Jahre in Paris stattfindet und bei dem Chocolatiers aus Frankreich, England, Spanien, Amerika und Japan ihre Kunst darbieten. Wieder ging Slitti als Sieger

Schokoladenmeister Andrea Slitti

Gehaltvolle Schokoladencreme als Aufstrich

ZUR INFORMATION:

BENOTUNG: ★★★

HERKUNFTSLAND: *Italien*

BEZUGSQUELLE: *Geschäft in Monsummano Terme*

PACKUNGSGRÖSSEN: *verschiedene*

SPEZIALITÄTEN: *›Rostige Werkzeuge‹, Espresso-Bohnen im Schokoladenmantel und Schokoladenfiguren auf Bestellung, einschließlich Küken und Teekannen*

VERWENDETE KUVERTÜREN:
Streng geheim!

hervor. Bei seinen originalgetreuen alten Werkzeugen aus Schokolade, die mit Kakaopulver ›Rost‹ angesetzt haben, nutzt er alle Möglichkeiten der Schokolade. Diese Meisterwerke sind eine Augenweide und zeugen von hoher Handwerkskunst. Auf dem Schokoladen-Festival von Perugia 1994 stahl Slitti damit allen die Schau.

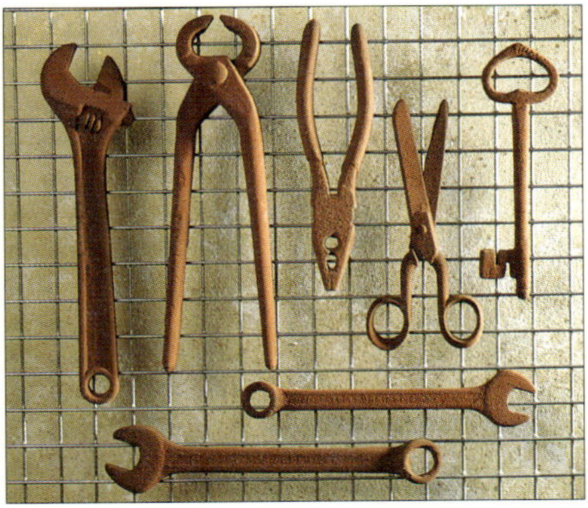

GESCHMACKSNOTEN:
Die Schachtel aus Recyclingpapier, sehr aufwendig dekoriert mit goldfarbenen Mohnkapseln, enthielt seidig glänzende Pralinen.

Trotz der interessanten Geschmacksrichtungen waren die Pralinen reichlich süß, besonders der ›Schneemann‹ in Milchschokolade, der aus Gianduja mit aufgesetzter Haselnuß bestand.

Zum Sortiment gehörten auch vorzügliche Nuß-Splitter mit geröstetem Knusperreis sowie eine längliche Praline mit dem Abdruck von Sackleinen, die ebenfalls etwas Knusperreis enthielt.

Die Trüffel zeugte von einem makellosen Tauchvorgang. Die etwas ›speckige‹ Trüffelmasse war recht süß und mit Rum abgeschmeckt.

Angenehm süß war eine sehr gute, mit getrocknetem Tee bestreute Tee-Trüffel.

Die Kaffee-Praline, die mich an Tiramisu erinnerte, schmeckte intensiv nach frisch gebrühtem Kaffee und war angenehm süß.

Das quadratische Konfekt in Milchschokolade enthielt Mandarinenlikör und den Weinbrand Napoléon, die Gold-Trüffel dagegen zuviel Chartreuse; die quadratische Praline mit Milchschokolade und Mandeln schmeckte fast ein wenig zu stark nach Amaretto.

›Rostige Werkzeuge‹ aus Schokolade

Special Edition Continental Chocolates

HONEYHOLES LANE, DUNHOLME, LINCOLNSHIRE LN2 3SU
TEL.: 0044-1673-860616

Die wörtliche Übersetzung des französischen Slangausdrucks für Special Edition lautet »Dorftrottel«, doch der gleichnamige Betrieb, der 1990 von Scotty Scott und Pam Andrews in Lincoln gegründet wurde, ist alles andere als trottelig. Bekannt geworden sind die beiden durch ihre sehr dunkle Schokolade mit einem Kakaoanteil von mindestens 70 % und durch die Tatsache, daß sie nur Markenspirituosen und weder künstliche Aromen noch Konservierungsstoffe verwenden. Die Produktpalette orientiert sich an ihrer unmittelbaren Umgebung; so haben sie zum Beispiel mit Genehmigung der Royal Air Force eine Red-Arrows-Schokolade kreiert, benannt nach der draufgängerischen Akrobatentruppe, die in der Nähe stationiert ist. Neu im Sortiment ist auch ein Schokoladenkobold nach einer Skulptur in der Kathedrale von Lincoln.

Scotty Scott, der Chocolatier, war zunächst bei der Handelsmarine, wo er begann, sich für die internationale Küche zu interessieren. Später flog er 17 Jahre als Bordoffizier in Bombern der Royal Air Force.

1976 schied Scott aus der Air Force aus und wandte sich verschiedenen Projekten zu. Erst 1988 traf er das Ehepaar Mike und Pam Andrews, die beide seine Leidenschaft für gutes Essen, Wein und Reisen teilten. Pam Andrews, die beruflich mit Catering zu tun hatte, war denn auch sofort begeistert von einem gemeinsamen Projekt im kulinarischen Bereich und gründete zusammen mit Scott die Special Edition.

ZUR INFORMATION:

BENOTUNG: ★

HERKUNFTSLAND: *Großbritannien*

BEZUGSQUELLEN: *Geschäft an der Kathedrale von Lincoln und andere Läden in der Grafschaft Lincolnshire; über Mail-order*

PACKUNGSGRÖSSEN: *Schachteln mit 260g, 370g, 800g und diverse Tafeln*

SPEZIALITÄTEN: *Drunken Butterflies, Diamond Nine in Milchschokolade, Red Arrow, Lincoln Imp und Mint-Täfelchen in dunkler und weißer Schokolade*

VERWENDETE KUVERTÜREN:

Schokinag von Mannheim und manchmal auch weiße Kuvertüre von Maestrani

GESCHMACKSNOTEN:

Das Pralinen-Sortiment ist fast ausschließlich nach dem Hohlkörperverfahren hergestellt. Die Füllungen sind gut, wenn auch recht süß.

DRUNKEN BUTTERFLY: *eine zartschmelzende Ganache mit Southern Comfort, umhüllt von Milchschokolade*

SCHOKOLADENFÄSSCHEN: *Unter einem dunklen Schokoladenmantel schwammen in einem flüssigen Fondant in Rum getränkte Rosinen.*

SPLITTER-TRÜFFEL IM SCHOKOLADENÜBERZUG: *geröstete gehackte Pistazien, Mandeln und Haselnüsse in weißer Schokolade und Haselnußpaste, umhüllt von Milchschokolade*

GINGER WHIRL: *Unter einer Hülle aus Bitterschokolade verbarg sich süßer Fondant, der intensiv nach Ingwer schmeckte.*

APRICOT WHIRL: *Die mit Milchschokolade überzogene Praline enthielt eine Füllung aus süßer Aprikose und Kondensmilch.*

Eine andere Praline mit hellem Überzug bestand aus einer sahnig-süßen Orangen-Ganache und einer feinen Pistazien-Buttercreme.

Truffles

Brougham Hall, Brougham, Penrith,
Cumbria CA10 2DE
Tel.: 0044-1768-867772

Das ehemalige Fort Brougham Hall, wo heute The Old Smokehouse Truffles hergestellt werden, diente jahrhundertelang als Wohnstatt und Verteidigungsanlage. Im viktorianischen Zeitalter wurde die Festung als das ›Windsor des Nordens‹ bekannt und war Sitz des Präsidenten des Oberhauses. In den Dreißiger Jahren dieses Jahrhunderts jedoch begann man, das Gebäude zu vernachlässigen. 1985 wurde es zum Glück vor dem Verfall gerettet, und verschiedene kleine Handwerksbetriebe fanden hier eine neue Heimat, so 1989 auch die Schokoladenhersteller vom Old Smokehouse. Nach zwei Jahren expandierte das Unternehmen und eröffnete im Zentrum von Penrith ein Ladenlokal. Wegen der rückläufigen Konjunktur mußte dieses bereits nach einem Jahr schließen, doch in Brougham Hall floriert die Trüffelproduktion zum Glück noch.

Klassische Schweizer Trüffel aus britischer Herstellung

Schokoladenmeisterin ist Rona Newsom, die nach einer Karriere als Journalistin und Verlegerin zu dieser Beschäftigung fand. Zunächst räucherte sie im Old Smokehouse Lachs, Cumberland-Schinken, Würstchen, Geflügel und Käse, und noch heute ist die Räucherei ein Standbein des Unternehmens. Ihre Kenntnisse in der Schokoladenherstellung verdankt sie einem Schweizer Chocolatier, der ihr in Brougham Hall Einzelunterricht erteilte.

ZUR INFORMATION:

BENOTUNG: ★★

HERKUNFTSLAND: *Großbritannien Brougham Hall und Devonshire Arcade in Penrith sowie Bestellung über Katalog*

PACKUNGSGRÖSSEN: *Minibox mit 2 Stück, Schachteln à 200 g und 370 g*

VERWENDETE KUVERTÜREN: *Cacao Barry Mi-Amère, Lactée Superior, Blanc Satin. Für die Zukunft ist geplant, auch eine Kuvertüre von Valrhona zu verwenden.*

GESCHMACKSNOTEN:

Unter den klassischen Schweizer Trüffeln fanden sich sehr interessante Zusammenstellungen. Die gefüllten Trüffel in vorgegossenen Schokoladenhohlkörpern waren in dunkle, helle oder weiße Kuvertüre getaucht und mit Zucker oder Schokoladenstreuseln dekoriert. Am besten fand ich die Aprikosen- und Birnen-Trüffel, bei denen die natürliche Fruchtsäure vortrefflich mit dem zarten Schmelz der Sckokolade und den hochprozentigen Spirituosen harmonierte. Sehr gut schmeckten auch die Orangen-Ingwer-Trüffel und die Rum-Trüffel mit weißem Jamaikarum und in gerösteten Kokosflocken.

Wittamer

12 PLACE DU GRAND SABLON, GROTE ZAVEL 12,
1000 BRÜSSEL, BELGIEN
TEL.: (2) 512.84.51 FAX: (2) 512.37.42

Wittamer ist ohne jeden Zweifel der beste Schokoladenhersteller Belgiens und wie die Bernachons in Lyon ein Familienbetrieb – sieht man davon ab, daß das Schokoladengeschäft erst seit relativ kurzem betrieben wird, nämlich seit der Enkel eines Meisterbäckers, Henri Wittamer, das Unternehmen 1910 gründete. Der im belgischen Arel geborene Sohn österreichischer Eltern suchte sich mit sicherem Gespür als Standort für seine Bäckerei die Place du Grand Sablon in Brüssel aus, d. h. ein Viertel, in dem sich viele elegante Geschäfte angesiedelt hatten und das heute das Zentrum des Antiquitätenmarktes ist. Das Unternehmen expandierte im Laufe der Jahre und umfaßt heute eine ganze Ladenzeile mit verschiedenen Spezialitäten: die Bäckerei und Konditorei, das Schokoladengeschäft, den Eis-Salon, das Café und das Delikatessengeschäft mit Fertigmenüs. Henri Wittamers Sohn, Henri-Gustave, arbeitet noch immer mit und kümmert sich insbesondere um die Leitung der Bäckerei, während sein Sohn Henri Paul (genannt Paul) als Chocolatier den Eiscreme- und Pâtisserie-Bereich ausweitete und 1988 das Schokoladengeschäft eröffnete. 1986 wurde Henri Paul die Ehre zuteil, in die angesehene Vereinigung Relais Desserts aufgenommen zu werden. Erst kürzlich wurde er für sein Samba, ein Meisterwerk aus zwei Sorten Schokoladenmousse, ausgezeichnet und 1989 in Japan für sein Aki (das japanische Wort für Herbst). Pauls Schwester Myriam begann 1985 mit dem Catering-Service, der sich als sehr erfolgreich erwiesen hat, vor allem in den Kreisen der ständigen Mitarbeiter der EU-Kommission und des Nato-Hauptquartiers.

ZUR INFORMATION:

BENOTUNG: ★★★

HERKUNFTSLAND: *Belgien*

BEZUGSQUELLEN: *Filiale am Brüsseler Flughafen, außerdem weltweit über Mail-order*

PACKUNGSGRÖSSEN: *Minibox, Schachteln à 300 g, 500 g, 750 g und 1 kg*

SPEZIALITÄTEN: *Über 60 verschiedene Sorten Pralinen, darunter Ganache-Pralinen, Gianduja-Pralinen, Marzipan-Pralinen, Trüffel, Pralinen mit frischer Sahne, kandierte Orangen- und Zitronenschale in Schokolade und Krokant. Saisonale Spezialitäten zum Valentinstag, Mutter- und Vatertag, zu Nikolaus, Weihnachten und Neujahr; im Grunde ist jeder Anlaß recht, um schöne und interessante Figuren aus Schokolade anzufertigen, und da Wittamer ein relativ kleiner Handwerksbetrieb ist, können alle Sonderwünsche schnell erfüllt werden.*

VERWENDETE KUVERTÜREN: *Eine Spezialanfertigung für Wittamer vom belgischen Schokoladenhersteller Callebaut*

GESCHMACKSNOTEN:

PALET: *Diese rechteckige Trüffelpraline mit dem Schriftzug Wittamer aus Kakaobutter enthielt eine sehr delikate und angenehm duftende Ganache-Creme mit Vanille, Butter und Sahne.*

PYRAMIDE IN DUNKLER SCHOKOLADE: *Auch diese Praline duftete sehr aromatisch, enthielt reichlich Butter und war angenehm süß.*

WEISSE TRÜFFEL: *Sie hatte einen dunklen Kern, doch die weiße Schokolade dominierte.*

THÉ: *Bei der dunklen Praline mit der roten Aufschrift aus Kakaobutter überwog anfangs das Earl-Grey-Aroma, später der intensive Kakaogeschmack.*

HOHLKÖRPERPRALINE MIT ›SCHLEIFE‹: *Diese Karamel-Ganache hatte einen feinen Buttergeschmack und einen herrlich zarten Schmelz.*

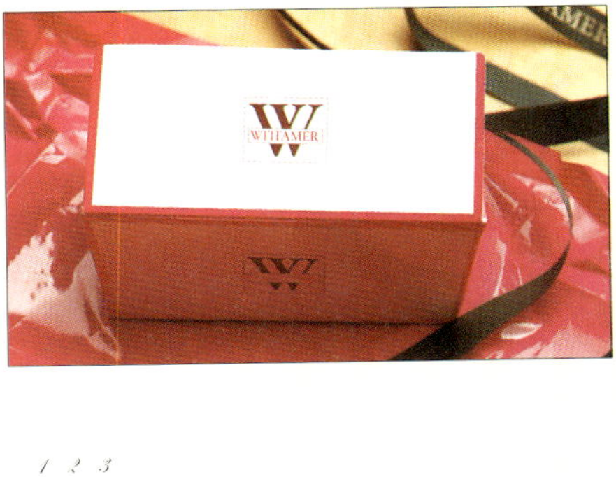

Zeller Chocolatier

PLACE LONGEMALLE 1, 1204 GENF
TEL.: 0041-22-311 5026

Feen gibt es schon lange nicht mehr, doch Willy Zeller ist ihrem Geheimnis auf die Spur gekommen und produziert, durch ein Märchen inspiriert, die Pavés glacés, ein Schokoladenkonfekt mit Krokantfüllung, das aussieht wie die alten Genfer Pflastersteine. Der Betrieb wurde 1959 an der Place Longemalle Nr. 13 in Genf eröffnet, und kürzlich erfolgte der Umzug in einen größeren Laden an einer Ecke der noblen Rue du Rhône, wo Zeller Marzipanfiguren für die Schaufenster fertigt, die seine Frau dekoriert. Willy Zeller absolvierte seine Lehre von

1936 bis 1939 in Basel und hat bei vielen namhaften Schweizer Chocolatiers gearbeitet. Inzwischen bildet er seit 32 Jahren selbst Lehrlinge aus.

Als Anregung für seine berühmt gewordenen ›Pflastersteine‹ diente Zeller die Geschichte eines kleinen Mädchens, das gern am Seeufer saß und den Männern dabei zusah, wie sie die von Steinmetzen würfelförmig behauenen Pflastersteine von den Segelschiffen schleppten, die vom anderen Ufer des Sees gekommen waren. Die glänzenden Steine wurden in Genf zum Bau der Straßen verwendet. Als das Mädchen am See saß, erschienen ihm zwei Feen. Die eine war in ein pinkfarbenes Gewand gekleidet, das herrlich nach Vanille duftete. Sie sagte: »Ich bin die süße Fee, die deine Träume wahr werden läßt. Jeder Pflasterstein, den du in die Hand nimmst, verwandelt sich in Schokolade.« Die andere Fee blies sachte über die Steine und sagte: »Ich bin Bise (der kalte Nordostwind, der über den See fegt; aber auch französisch für Kuß) und glasiere die Schokolade. Wann immer du Schokolade ißt, wirst du an die Süße von Genf und an die Kühle des Genfer Sees denken.«

ZUR INFORMATION:

BENOTUNG: ★★

HERKUNFTSLAND: *Schweiz*

BEZUGSQUELLEN: *Ladengeschäft in Genf und weltweit über Mail-order*

PACKUNGSGRÖSSEN: *verschiedene*

SPEZIALITÄTEN: *Pavés glacés; über 70 verschiedene Pralinen; Moules du Lac (Muscheln aus dem Genfer See), Riesenpralinen, gefüllt mit Karamel-Sahne; Marzipanfiguren: Menschen, Tiere, Früchte, Gemüse, Blumen; Sonderanfertigungen und saisonale Spezialitäten zu Weihnachten, Ostern und zum Valentinstag.*

VERWENDETE KUVERTÜREN: *Streng geheim!*

GESCHMACKSNOTEN:

Die elegante Pralinenschachtel ganz im Stil der Fünfziger Jahre enthielt Pralinen-Spezialitäten, umhüllt von dunkler und heller Schokolade. Am besten in dieser Auswahl fand ich die ›Pflastersteine‹ in Bitter- oder Milchschokolade: hauchdünne Krokanttäfelchen mit Mandeln, in Schokolade getaucht. Ich gab der Milchschokoladen-Variante den Vorzug, da ihr sahniger Geschmack gut mit der Knusperschicht darunter harmonierte.

Ganz vorzüglich waren auch die Orangenscheiben mit Schale, umhüllt von Bitterschokolade, und das Pistazien-Marzipan im dunklen Schokoladenmantel. Die Pralinenfüllungen waren sehr abwechslungsreich, und es wurde nicht an edler Bitterschokolade gespart.

Mittelgrosse Betriebe

Ackermans

9 GOLDHURST TERRACE, FINCHLEY ROAD,
LONDON NW6 3HX
TEL.: 0044-171-624 2742

Die oft inkognito reisende Journalistin Nigella Lawson schrieb einmal, daß Ackermans Pralinen in vielen namhaften Kaufhäusern, Hotels und Restaurants von London und ganz Großbritannien häufig unter anderem Namen verkauft werden. Das vor 50 Jahren von dem gebürtigen Deutschen Werner Ackerman und seiner Frau gegründete Unternehmen begann recht bescheiden mit einem Geschäft an der Goldhurst Terrace, wo auch alle Pralinen hergestellt wurden. Schon bald bestellte die Königinmutter ihre Pralinen nur noch bei Ackermans, und 1969 wurde der Schokoladenhersteller zum königlichen Hoflieferanten ernannt. Werner

Das Schokoladenkrokodil, eine ganzjährige Spezialität

Trüffel und Pralinen nach Schweizer Rezeptur sind eine Spezialität des Hauses

ZUR INFORMATION:

BENOTUNG: ★★

HERKUNFTSLAND: *Großbritannien*

BEZUGSQUELLEN: *Rackhams in Birmingham, Liberty in der Londoner Regent Street, Sainsbury, Waitrose und andere führende Kaufhäuser in Großbritannien. Weltweit über Mailorder: einfach im Laden oder beim Chocolate Club unter 0044-171-267 5375 anrufen.*

PACKUNGSGRÖSSEN: *Schachteln von 113 g bis 1,3 kg*

SPEZIALITÄTEN: *Saisonale Spezialitäten (Ostereier, Küken, Hasen, Valentinsherzen, Nikoläuse, Schneemänner), Krokodile, Nilpferde und Löwen sowie Schokoladen-Champagnerflaschen, gefüllt mit Trüffeln*

VERWENDETE KUVERTÜRE: *Callebaut und Lesme*

Kratiger war einer der jungen Schweizer Chocolatiers, den die Ackermans unter ihre Fittiche nahmen und der das Geschäft nach dem Tod von Werner Ackerman weiterführte. Damals wurden sämtliche Schokoladenerzeugnisse noch im winzigen Kellergeschoß des Ladens an der Goldhurst Terrace produziert. Kratiger expandierte aber bald und wurde mit seinem Team, Valerie Miller, Franz Hippel und Anthony Charlton, immer erfolgreicher. Leider starb Kratiger 1992 nach langer, schwerer Krankheit, doch mit der Ernennung von Miller, Hippel und Charlton zu Geschäftsführern ist das Unternehmen auch weiterhin in guten Händen. Trotz steigender Umsatzzahlen bleibt Ackermans der Tradition seiner Begründer verbunden und zählt bis heute zu den besten Schokoladenherstellern in Großbritannien.

Der deutsche Schokoladenmeister Franz Hippel, der seine Lehre in Spaichingen absolvierte, kam 1981 nach England. Dort war er zuerst für die bekannte Gloriette Pâtisserie tätig, bevor er 1982 zu Ackermans ging und dort unter Werner Kratiger arbeitete.

Kandierte Orangenscheiben, zur Hälfte in Schokolade getaucht, und ein Schokoladenkrokodil

GESCHMACKSNOTEN:

Die Trüffel nach Schweizer Rezept gab es in allen Geschmacksrichtungen wie Champagner, Whisky, Cognac, Rum, Vanille und Orange. Die Schokoladentaler mit Mokka-, Pfefferminz-, Orangengeschmack und in reiner Bitterschokolade waren handgefertigt und hauchdünn.

Die Marzipanrohmasse ist ein Qualitätsprodukt aus Deutschland (Lübecker Marzipan) und wird teils unter Zusatz von Pistazien und Walnüssen zu Mozartkugeln verarbeitet.

Die kandierten Orangen- und Zitronenscheiben und -stäbchen waren von Hand getaucht; die Weinbrandkirschen waren ein Jahr lang in Alkohol eingelegt und dann in Bitterschokolade getaucht. Vorsicht, die Früchte sind nicht entkernt!

Englische Klassiker: Fondantpralinen mit Rosen- und Veilchenduft in dunkler Schokolade, Karamel, kandierter Ingwer und hauchdünne Täfelchen Pfefferminzfondant in Bitterschokolade.

Angelina

226 RUE DE RIVOLI, 75001 PARIS
TEL.: 0033-1-42 60 82 00 FAX: 0033-1-43 44 82 35

Der Familienbetrieb Rumpelmayer wurde 1870 von dem gebürtigen Österreicher Anton Rumpelmayer in Nizza gegründet, der das expandierende Unternehmen 1903 in Paris ansiedelte und später von seinem Sohn René abgelöst wurde. Dieser wiederum eröffnete gegenüber den Tuilerien den legendären Teesalon Angelina (benannt nach seiner Frau), der seit 1903 beliebter Treffpunkt der Pariser Gesellschaft ist. Nach dem Tod von René empfing Angelina hier König Georg V., und auch Marcel Proust und Coco Chanel tranken hier gern ihren Tee.

Obwohl das Café an der Rue de Rivoli recht weiträumig ist, stehen die Gäste oft um einen Tisch an. Angeboten werden Kaffee und heiße Schokolade, mittags kleine warme Speisen und später Tee mit üppigen Schokoladenkuchen und Sahnetorten. Am berühmtesten sind die Krüge mit einer ge-

ZUR INFORMATION:

BENOTUNG: ★★

HERKUNFTSLAND: *Frankreich*

BEZUGSQUELLE: *Ladenlokal in Paris*

PACKUNGSGRÖSSEN: *Schachteln à 300g, 400g und 600g*

SPEZIALITÄTEN: *Heiße Schokolade, Dosen mit Weichkaramellen und Schokoladenbonbons*

VERWENDETE KUVERTÜRE: *Streng geheim!*

Schokoladenbonbons, Schokoladentäfelchen und Trinkschokolade von Angelina

GESCHMACKSNOTEN:

Die reichhaltige Auswahl enthielt Pralinés, Marzipan- und Ganache-Pralinen, hergestellt nach französischer, österreichischer und schweizerischer Tradition.

Ein Kiefernzapfen in Goldfolie bestand aus einer mit Milchschokolade hergestellten Pralinémasse und schmeckte sahnig-süß; eine gespritzte Haselnuß-Gianduja hatte eine ganze Nuß in der Mitte; eine dunkle Hohlkörperpraline mit Kreuzmuster enthielt eine blasse Kaffee-Ganache sowie edles Pistazien-Marzipan von feiner Konsistenz.

Das Rechteck entpuppte sich als Schichtpraline aus Lagen von edlem Marzipan und Rum-Trüffelmasse. Die Praline mit dem dreizackigen Stern enthielt ebenfalls eine Rum-Trüffelmasse.

Die rautenförmige Praline mit dem gelben Punkt enthielt als Füllung eine erfrischende Komposition: Zitronen-Ganache mit zartem Schmelz und kleinen Stückchen Zitronenschale.

Rocher: Unter einer knusprigen Hülle aus Bitterschokolade und Mandelsplittern verbarg sich ein leicht körniger Pralinékern; eine zweite dunkle Praline war ebenfalls von edler Bitterschokolade umhüllt.

haltvollen, sehr cremigen ›afrikanischen‹ Schokolade, zu denen ein Schälchen gekühlte Schlagsahne serviert wird. Dieses Getränk kann man auch mitnehmen, doch die stilvolle Atmosphäre des mit Louis-Quinze-Sesseln ausgestatteten Teesalons läßt sich wohl kaum zu Hause wiederfinden.

Côte de France

9 AV DU PRÉSIDENT SALVADOR-ALLENDE,
94400 VITRY-SUR-SEINE
TEL.: 0033-1-46 80 85 06

Das seit 1936 bestehende Unternehmen wird heute vom Enkel des damaligen Begründers geführt, der das gleiche Qualitätsbewußtsein wie sein Großvater an den Tag legt. Côte de France gehört zu den wenigen Herstellern in Paris, die die Kakaobohnen selbst aussuchen und alle weiteren Bestandteile selbst herstellen. Es kommen weder künstliche Konservierungsmittel, Farb- oder Süßstoffe zum Einsatz, noch werden die Erzeugnisse tiefgefroren. Seit 1992 hat Côte de France diverse Preise auf internationalen Lebensmittel- und Süßwarenmessen gewonnen.

Der Schokoladenmeister Philippe Wasterlain ist studierter Maschinenbauer, der die Kunst der Schokoladenherstellung in den Semesterferien und parallel zu seinem Studium erlernte, später dann in den Familienbetrieb einstieg und ihn heute leitet.

Bonbonniere mit einer Auswahl feiner Pralinen

ZUR INFORMATION:

BENOTUNG: ★★

HERKUNFTSLAND: *Frankreich*

BEZUGSQUELLEN: *Sechs Geschäfte in Paris; acht Geschäfte und Verkaufsstellen in Japan, das feudalste in Tokios Hauptgeschäftsstraße; außerdem über Mail-order*

PACKUNGSGRÖSSEN: *von 200 g bis 5 kg*

SPEZIALITÄTEN: *Erzeugnisse ohne Zusatzstoffe; Noisettines Dinantaises; außerdem von Schokolade umhülltes Gebäck und Pâtés de fruits (Geleefrüchte)*

VERWENDETE KUVERTÜRE:

Nur Kuvertüre aus eigener Herstellung. Die meisten Kakaobohnen stammen aus Südamerika und Indonesien; keine Konsumbohnen von der afrikanischen Westküste

GESCHMACKSNOTEN:

Die dunklen, seidig glänzenden Pralinen zeugten von solider Handwerkskunst und enthielten edle Ingredienzien, sahen aber nach Massenware aus. Eine gegossene Praline mit aufgeprägtem Schiff enthielt eine angenehm knusprige Nußfüllung.

Ein Weinblatt aus Bitterschokolade hatte einen Hauch von Lakritz, während die Variante in Milchschokolade mit einer cremigen Pralinémasse gefüllt war, die reichlich Butter enthielt.

Die trapezförmige Praline in dunkler Schokolade bestand aus knusprigem Praliné.

Sehr zartschmelzend waren das vierblättrige Kleeblatt aus Kaffee-Buttercreme und Praliné sowie die dunkle Praline mit dem Blütendessin.

Andere Pralinés enthielten Orangenschale und knusprige Nüsse.

DUDLE

WEGGISGASSE 34, 6004 LUZERN

TEL.: 0041-41-512767

Dieser kleine Familienbetrieb wurde 1872 von Karl Habereli-Eizholzer gegründet und 1934 von seinem Sohn Edouard Dudle übernommen, der ihn 1964 wiederum seinem Sohn Max übergab. Mittlerweile wird er von dessen Sohn Martin geleitet, der den hohen Qualitätsstandard der Produkte auch weiterhin aufrechterhält. Dazu gehört auch, daß keine künstlichen Aromen oder Konservierungsstoffe verwendet werden.

Der Schokoladenmeister Manfred Busch wacht über die 20 Angstellten, die noch immer alles von Hand herstellen. Dem Ladenlokal im Stil der Dreißiger Jahre ist ein Café angeschlossen, in dem sich die Kunden bei einer Tasse Kaffee oder Tee erfrischen können. Dudle ist in erster Linien für seine Riesenmedaillons aus Milchschokolade berühmt, die im Laden verkauft werden.

ZUR INFORMATION:

BENOTUNG: ★★

HERKUNFTSLAND: *Schweiz*

BEZUGSQUELLE: *Ladengeschäft in Luzern*

PACKUNGSGRÖSSEN: *verschiedene*

SPEZIALITÄTEN: *Dublonen: eine feine Haselnuß-Mousse in cremiger Milchschokolade; Luzerner Fische; mit Haselnuß-Praliné gefüllte Milchschokolade; große Goldmünzen mit einer cremigen Honigfüllung; diverse Trüffel sowie massive Schokoladentafeln mit ganzen Nüssen*

VERWENDETE KUVERTÜRE: *Felchlin*

FASSBENDER

AM MARKT 12, 5200 SIEGBURG
TEL.: 02241-66544 FAX: 02241-66322

Im Jahr 1910 eröffnete ein gewisser Herr Fassbender in Siegburg die erste Konditorei mit Kaffee, Kuchen und Schokolade im Ausschank. Das Geschäft blieb im Familienbesitz, und 1989 wurde der Enkel des Begründers, Hans-Werner Fassbender, in die angesehene internationale Vereinigung Relais Desserts aufgenommen. Damit gehört er zu den vier deutschen Konditormeistern, denen diese Auszeichnung verliehen wurde. Fassbender erhielt außerdem von der deutschen Bäckerinnung das Pendant zum Nobelpreis für seine unternehmerischen Fähigkeiten. Er selbst arbeitet etwa 70 Stunden in der Woche – 60 % davon verbringt er in der Backstube, 30 % mit der Weiterentwicklung seiner Techniken und die restlichen 10 % mit Verwaltungsarbeit.

1982 eröffnete er ein zweites Geschäft in Köln, wo ihn der Dom zu einigen Pralinen und anderen Konditoreiwaren inspirierte.

ZUR INFORMATION:

BENOTUNG: ★★

HERKUNFTSLAND: *Deutschland*

BEZUGSQUELLEN: *Filialen in Siegburg, Bonn und Köln; weltweit über Mail-order*

PACKUNGSGRÖSSEN: *verschiedene*

SPEZIALITÄTEN: *Trüffel, Marzipan-Konfekt, kleine pyramidenförmige Kuchen mit Schokoladenüberzug, weißer Nougat, Stollen und Lebkuchen*

VERWENDETE KUVERTÜRE: *Valrhona und Callebaut*

Fauchon

26-28-30 PLACE DE LA MADELEINE, 75008 PARIS
TEL.: 0033-1-47 42 60 11

Der 1856 in der Normandie geborene Auguste Fauchon ging schon frühzeitig von der Schule ab, um sein Glück in Paris zu suchen und stellte sich mit einem Obst- und Gemüsekarren vor die Madeleine. Sein Straßengeschäft florierte. Fauchon blieb sein Leben lang in der Seine-Metropole. Mit 30 Jahren kaufte er ein Eckgeschäft an der Place de la Madeleine, das sich als wahre Goldgrube erwies, so daß er bald darauf auch die zwei angrenzenden Läden mit den Hausnummern 24 und 26 erwarb. Sein Warensortiment wies eine erstaunliche Qualität und Vielfalt auf, und im Jahre 1925 war er Besitzer eines Delikatessenladens, einer Pâtisserie, eines Restaurants und von Weinkellern.

Nachdem Auguste Fauchon 1938 gestorben war, trieben die Kriegsjahre und die entbehrungsreiche Nachkriegszeit das Geschäft fast in den Ruin. Die Rettung vor dem Bankrott kam mit Joseph Pilosoff, der die Läden übernahm, der innovativen Firmenphilosophie von M. Fauchon aber treu blieb. So ließ er zum Beispiel die ersten Avocados in Frankreich einfliegen, die er jedoch schließlich verschenken mußte, weil niemand etwas damit anzufangen wußte.

Heute wird das Imperium von Pilosoffs Enkelin Martine Premat geleitet, die seit 1986 Firmenchefin und Geschäftsführerin ist, und Fauchon wird immer erfolgreicher. Maître Chocolatier ist der legendäre Pierre Hermé, in vierter Generation Bäcker und Konditor, der mit 14 Jahren die Schule verließ, um bei LeNôtre in die Lehre zu gehen. Mit 19 hatte er bereits so außergewöhnliche Talente entwickelt, daß ihm die alleinige Verantwortung für die Ladenproduktion übertragen wurde. Nach seiner Militärzeit und nachdem er in diversen Geschäften und Hotels in Paris, Luxemburg und Brüssel Backstuben eingerichtet hatte, ging er 1986 zu Fauchon. Dort erhielt er uneingeschränkte Vollmacht zur Neustrukturierung des gesamten Konditoreibereichs und leitet heute eine Riege von 35 Pâtissiers und Chocolatiers.

Pierre Hermé ist berühmt für seine ausgefallenen Rezepte und seine abgewandelten Klassiker. Er hat nach eigenen Aussagen die Entwicklung auf dem Schokoladenmarkt genauestens verfolgt: mit ihrem Trend hin zu sehr dunkler Bitterschokolade und einem Kakaogehalt von mindestens 70 %. In ihrem Übereifer halten manche Schokoladenhersteller den Prozentsatz der Kakaomasse für den alleinigen Qualitätsmaßstab und produzieren

Pralinen von Fauchon – exquisit verpackt

Schokoladen aus bis zu 100 % Kakao, ohne dabei die Qualität der Kakaobohnen zu berücksichtigen. Hermé hat stets versucht, »diesen Drang zur Bitterschokolade« zu bremsen. Er bevorzugt gemäßigte Bitterschokoladen mit einem Kakaogehalt zwischen 60 und 64 %, weil bei diesem Prozentsatz die einzelnen Komponenten der Schokolade in einem ausgewogenen Verhältnis zueinander stehen und das Aroma der Bohnen sich voll entfalten kann. Allerdings besteht er darauf, daß »bei aller Begeisterung für schwarze Schokolade die Milchschokolade nicht in Vergessenheit geraten sollte«. Die Milchschokolade, die oft mit minderwertiger Qualität oder bestenfalls mit der Erinnerung an Kindheitstage gleichgesetzt wird, hat inzwischen durch einen der besten Schokoladenhersteller der Welt – Valrhona – eine Wiedergeburt erlebt. Die edelste Milchschokolade ist die Jivara Lactée. Hermé hält es für eine Schande, ein so erlesenes Produkt zu ignorieren, und deshalb hofft er, daß sich bald möglichst viele Liebhaber von Milchschokolade öffentlich zu ihrer Vorliebe bekennen. Von derlei Gedanken inspiriert, hat Hermé einen Kuchen mit sehr wenig Zucker kreiert, damit die Nuancen von Vanille und Karamel in der Schokoladencreme deutlich zur Geltung kommen.

ZUR INFORMATION:

BENOTUNG: ★★★

HERKUNFTSLAND: *Frankreich*

BEZUGSQUELLEN: *Delikatessenläden in der ganzen Welt und über Mail-order.*

PACKUNGSGRÖSSEN: *verschiedene*

SPEZIALITÄTEN: *Glasierte Maronen in Schokolade, Kakao-Trüffel*

VERWENDETE KUVERTÜRE:
alle von Valrhona: Caraïbe, Manjari, Guanaja und Jivara Lactée

GESCHMACKSNOTEN:

Die überwiegend flachen, quadratischen Palets mit den aus Kakaobutter aufgedruckten Buchstaben, die zusammengesetzt den Namenszug »FAUCHON« ergaben, waren allesamt von einer hauchdünnen Schokoladenschicht umhüllt.

F: *eine dunkle Knusperpraline in Bitterschokolade, sehr ausgewogen im Geschmack*

A: *ein sehr edles, zartes Vanille-Praliné, umhüllt von feiner Milchschokolade*

U: *eine Schichtpraline in dunkler Schokolade mit zwei Lagen von zartem Praliné und einer Füllung aus süßem Himbeerpüree – mit den kleinen Kernen*

C: *zartes Praliné mit einem Zimthauch – deliziös!*

H: *Die Karamel-Ganache war cremig, angenehm süß und von zartem Schmelz.*

O: *knuspriges Praliné in edler Milchschokolade*

N: *Zartschmelzendes Kaffee-Praliné – ganz ausgezeichnet im Geschmack!*

Fortnum & Mason

181 PICCADILLY, LONDON W1A 1ER
TEL.: 0044-171-734 8040 FAX: 0044-171-437 3278

Die Geschichte von Fortnum & Mason reicht zurück in das Jahr 1707, als William Fortnum und Hugh Mason ein Lebensmittelgeschäft eröffneten. Stets im Dienste der königlichen Familie, hat Fortnum & Mason seit seinem Bestehen zwölf englische Monarchen in Folge beliefert und auch bei vielen Ereignissen von historischer Bedeutung eine Rolle gespielt, so etwa durch die Bereitstellung des Proviants für die erste erfolgreiche Mount-Everest-Besteigung 1953.

Als der Chocolatier William Pain Ende der Zwanziger Jahre seine Arbeit bei Fortnum & Mason aufnahm, hatte die Schokoladenabteilung bereits einen festen Platz in dem Unternehmen und genoß den besten Ruf. Ein Katalog aus dem Jahre 1927 listet 50 verschiedene Pralinen auf, von denen auch heute noch viele Sorten erhältlich sind, hergestellt wie einst mit größter Sorgfalt und handwerklichem Können.

Schon früh zeigte sich, daß William Pain ein Talent für Konfekt und Zuckerwerk hatte. Damals produzierten Fortnum & Mason bereits ihre eigene Schokolade mit eigens aus Trinidad, Java und

Maracaïbo (Venezuela) importierten Kakaobohnen. Für das Rösten und für die anschließende Weiterverarbeitung der Schokoladenmasse, etwa Feinwalzen und Conchieren, war Ted Nelson zuständig, ein Experte auf diesem Gebiet. Zu William Pains Produktpalette gehörten Eiscremes für Bankette und auch die vorzüglichen Früchte in Alkohol, die sogenannten Obstgärten im Weinkeller, und schließlich Konfekt in allen Variationen: Fondantpralinen, von Hand getauchte Nüsse, Karamel, Nougat- und Marzipanpralinen – schon damals fester Bestandteil des Pralinen-Sortiments bei Fortnum & Mason und heute als ihre »Superb Selection« bekannt. Diese Vielfalt – eine gelungene Verbindung von Chocolatier und Konditor – gilt heute als typisch britisch, ist aber immer seltener anzutreffen, da die traditionelle Handwerkskunst sich der Mechanisierung und dem kontinentaleuropäischen Geschmack beugt. Von den »Obstgärten im Weinkeller« haben leider nur die Weinbrand-Kirschen den Zweiten Weltkrieg überlebt; sie werden nach wie vor traditionell hergestellt.

Im Krieg wurde auch im Auftrag des Ernährungsministeriums die sogenannte Kommißschokolade – unverkennbar im rosa Papier – von Fortnum entwickelt, und zwar als Bestandteil der eisernen Ration für die in Zypern stationierten Offiziere, womit Fortnum & Mason einmal mehr die Marschverpflegung der Soldaten fernab der Heimat übernahmen. Besagte Schokolade wurde später als Überzug für eine andere berühmte Produktlinie bei Fortnum & Mason verwendet: die Slimline Peppermints mit ihrem unverwechselbaren weichen, grünen Fondant. Bei Kriegsbeginn war die Schokoladenfabrik Fortnum & Mason von Piccadilly in die Brewer Street umgezogen und hatte den Besitzer gewechselt: Sie gehörte nun einem begabten ungarischen Flüchtling namens Floris, der mit William Pain als leitendem Direktor

Im Uhrzeigersinn: *Icy Mints (kühler Minzfondant), Champagner-Trüffel und die »Superb Selection« von Fortnum & Mason*

ZUR INFORMATION:

BENOTUNG: ★★

HERKUNFTSLAND: *Großbritannien*

BEZUGSQUELLEN: *Laden in Piccadilly, der eleganten Londoner Geschäftsstraße; außerdem über Mail-order und telefonische Bestellung: 0044–171–465 8666*

PACKUNGSGRÖSSEN: *250 g, 500 g bis 1 kg*

SPEZIALITÄTEN: *die nebenstehenden Pralinen; außerdem Slimline Peppermints; After Dinner Selection; Royal Liqueurs; Rosen-, Veilchen-Cremepralinen; hauchdünne aromatisierte Schokoladentäfelchen in Zimt, Ingwer, Kaffee, Orange, Earl Grey und reine Bitterschokolade*

VERWENDETE KUVERTÜREN: *Streng geheim!*

eine separate Firma gegründet hatte, die bis 1948 ausschließlich den Laden belieferte. Ebenfalls 1948 erwarb ein Kanadier Fortnum & Mason. Er verlegte die Schokoladenproduktion wieder in den 5. Stock des Gebäudes und engagierte Chris Wolf, die Nummer Zwei bei William Pain. Infolgedessen kam es zur Gründung von Floris Chocolatier, das sich dank seiner erstklassigen Schokoladenerzeugnisse auf dem Markt etablieren konnte. Bis 1961 existierten beide Firmen und Läden friedlich nebeneinander; nur gelegentlich wurden allzu launische Arbeiter ausgewechselt. Als Floris starb, setzten sich William Pain und seine Frau zur Ruhe und erwarben eine kleine Schokoladenfabrik – Audrey's –, wo die in Piccadilly erlernten Traditionen noch heute vollendet gepflegt werden. Chris Wolf blieb bis Anfang der achziger Jahre bei Fortnum & Mason, bis die Produktion in Piccadilly aufgegeben wurde. 1983 nahm er Kontakt zu Audrey's auf, woraufhin eine alte Partnerschaft zur Freude und Zufriedenheit aller Beteiligten wiederbelebt wurde.

GESCHMACKSNOTEN:

LEMON SLICE: *eine kandierte Zitronenscheibe mitsamt Schale, würzig-herb, zur Hälfte in Bitterschokolade getaucht*

VEILCHEN-CREMEPRALINE: *Einfach getauchte Fondantpraline, verziert mit einem kandierten Parmaveilchen, dessen intensives Aroma auf dem Gaumen explodiert.*

HAZELNUT BATON: *fein geröstete Haselnüsse, umhüllt von zartschmelzender Edelbitterschokolade*

CHAMPAGNERTRÜFFEL: *eine Kugel aus stark alkoholischer heller Ganache nach Schweizer Tradition*

GRIOTTE: *In lila Folie eingewickelte Weinbrand-Kirsche, die von Hand zweimal in eine kräftige Bitterschokolade getaucht wurde; mit »Schlagseite«.*

ICY MINT: *blaßgrüner Fondant mit starkem Pfefferminzgeschmack, in extrabittere Schokolade getaucht – ein sehr gutes Beispiel für klassische englische Pfefferminztaler*

Fran's Chocolates

2805 EAST MADISON,
SEATTLE, WA 98122-4020
TEL.: 001-206-322-0233 FAX: 001-206-322-0452

Der 1981 von Fran Bigelowe aus Liebe zur Schokolade gegründete Betrieb hat sich innerhalb kürzester Zeit auf dem Markt etabliert. Sie begann ihr Berufsleben als Buchhalterin, und kurz nach der Geburt ihrer beiden Kinder fing sie an, sich für das Kochen und Backen zu interessieren. 1976 schrieb sie sich an der neu eröffneten Californian Culinary Academy ein und wünschte sich in der Zeit, als ihre Kinder heranwuchsen, nichts sehnlicher, als endlich ihr eigenes Geschäft aufmachen zu können. Dann war es endlich soweit: 1980 zog die Familie wieder nach Seattle, und Fran Bigelowe investierte ihre gesamten Ersparnisse, um ihr Geschäft unweit des Madison-Parks zu eröffnen. Rückblickend sagt sie heute: »Ich habe die ganze Bandbreite der Süßwarenherstllung nachvollzogen. Anfangs haben wir hauptsächlich Desserts für Restaurants zubereitet. Heute produzieren wir zunehmend Süßigkeiten, Konfekt und Trüffeln.

Damit haben wir uns einen Namen gemacht, und wir sind stolz darauf, daß unser Kundenstamm ständig wächst.« Fran Bigelowe arbeitet auch heute noch viel in der Produktion mit. Meistens trifft man sie mit schokoladenverschmierten Händen an, wie sie gerade dabei ist, eine Trüffel einen Moment lang in Schokolade zu tauchen. Was nicht haften bleibt, fließt zwischen ihren Fingern hindurch in ein untergestelltes Gefäß. Zum Schluß setzt sie die fertige Praline vorsichtig auf einem Tablett ab.

ZUR INFORMATION:

BENOTUNG: ★★

HERKUNFTSLAND: *USA*

BEZUGSQUELLEN: *über Williams-Sonoma und Olsens in den USA und über Mail-order*

PACKUNGSGRÖSSEN: *Packungen mit 2, 14, 28, 36 und 42 Pralinen sowie Geschenkpackungen*

SPEZIALITÄTEN: *Trüffel in Bitterschokolade; Goldbarren; von Hand getauchte Früchte und Nüsse; diverse Schokoladen- und Karamelsaucen, Torten; saisonale Spezialitäten*

VERWENDETE KUVERTÜRE: *Callebaut*

GESCHMACKSNOTEN:

Das Trüffel-Sortiment in Bitterschokolade zeugte von handwerklichem Können. Der seidig glänzende Schokoladenüberzug war unterschiedlich ausgarniert: Die von Hand beträufelten Oberflächen ließen auf die Art der Füllung schließen, wenngleich die Unterschiede manchmal so minimal waren, daß das Auseinanderhalten Schwierigkeiten bereitete. Die cremig aufgeschlagenen, zartschmelzenden Trüffelmassen waren umhüllt von einer geschmacklich sehr ausgewogenen Schokolade, wie man es von belgischer Schokolade erwarten würde, gehaltvoll und dunkel, jedoch ohne eine dominierende Nuance im Nachgeschmack.

Hotel Imperial

HOTEL IMPERIAL, KÄRTNER RING 16,
1051 WIEN
TEL.: 0043-1-50 110 313/363 FAX: 0043-1-50 110 355

Das Hotel Imperial, ursprünglich als Palast für den Herzog von Württemberg erbaut, ist vermutlich das imposanteste Hotel Wiens. Nachdem hier die Weltausstellung von 1873 stattgefunden hatte, wurde es von Franz Joseph I. zum »kaiserlichen und königlichen« Hotel ernannt. Anläßlich dieses Ereignisses wurde die Imperial-Torte kreiert, und seine Majestät soll dazu gesagt haben: »Sie war in der Tat sehr köstlich und hat uns große Freude bereitet.« Wer Marzipan und Vollmilchschokolade mag, für den ist diese Torte genau das Richtige. Die ohne Mehl zubereitete Torte hält sich im Kühlschrank etwa zwei Monate lang frisch.

ZUR INFORMATION:

BENOTUNG: ★★

HERKUNFTSLAND: *Österreich*

BEZUGSQUELLEN: *Hotel Imperial, Hotel Bristol und Palais Ferstel (alle in Wien); Hotel Goldner Hirsch (Salzburg); Julius Meinl am Graben Deli (Wien); Fukunaga's Lipton Tea Shop in der Ginza (Tokio)*

PACKUNGSGRÖSSEN: *2, 4, 9 und 16 Portionen in verschiedenen Schachteln und Holzkisten*

SPEZIALITÄT: *Imperial-Torte*

VERWENDETE KUVERTÜRE:
Streng geheim!

La Maison du Chocolat

225 RUE FAUBOURG ST HONORÉ, PARIS 75008
TEL: 0033-1-42 27 39 44 FAX: 0033-1-47 64 03 75

Robert Linxe ist ein unbestrittener Meister in der hohen Kunst der Schokoladenherstellung. Nach seinem Umzug in die Rue Faubourg Saint-Honoré entwarf er mit seinem Freund Arnaud Saez, einem Künstler und Designer aus dem Baskenland, die ausgesprochen maskuline Verpackung von La Maison du Chocolat. In den vergangenen zwei Jahrzehnten hat Linxe ein Bild von edler französischer Schokolade geprägt, das auf die feinen Geschmacksunterschiede der verwendeten Kakaobohnen aufbaut, die ein geschulter Gaumen sehr wohl erkennen kann. Unter diesem Aspekt ist auch die Zusammenarbeit mit dem Schokoladenhersteller Valrhona zu sehen, der mit seiner Produktlinie der Grand-Cru-Kuvertüren nach meinem Empfinden der Maßstab ist, an dem alle anderen Edelbitterschokoladen gemessen werden sollten.

Der außergewöhnliche Maître Chocolatier Robert Linxe

Produziert wird mittlerweile nicht mehr in den Weinkellern des Stammgeschäftes, sondern in einer eigens dafür errichteten Werkhalle in Colombes außerhalb von Paris mit einer Belegschaft von 18 Angestellten, darunter zehn Vollzeit-Chocolatiers.

Die Jahre im französischen Teil des Baskenlandes, wo die Schokoladenherstellung eine lange Tradition hat, beeinflußten Linxe sehr, denn der 18jährige beschloß, die kaufmännische Lehre für eine Lehre als Pâtissier-Chocolatier aufzugeben. In dieser Zeit wurde er in die Geheimnisse eines Handwerks eingeweiht, zu dem allerhand Tricks, Kniffe und viel technisches Know-how gehören, und Linxe beschloß, seine Kenntnisse bei dem großen Meister der Schokoladenherstellung Jules Perliat in Basel zu vervollkommnen.

Nach seiner Lehrzeit in der Schweiz zog es den mittlerweile 25jährigen nach Paris, wo er als Chocolatier in Neuilly arbeitete. Im Jahr darauf übernahm er mit Unterstützung seiner Schwiegereltern das kränkelnde Unternehmen La Marquise de Prèsle, wozu eine Chocolaterie, eine Pâtisserie und ein Restaurationsbetrieb gehörten. Nach fünf Jahren ruhte das Unternehmen auf einem gesunden Fundament und verfügte über einen festen Kundenstamm. Es war auch die Zeit, in der nach all den Entbehrungen Konkurrenzfirmen wie Pilze aus dem Boden schossen. Doch Linxe konnte sich behaupten, und sein Kundenkreis wurde größer und größer. Auch in der Presse wurde er lobend erwähnt, und 1970 folgte er einer Einladung nach Japan, wo er Gaston LeNôtre traf, seinen wohl

ZUR INFORMATION:

BENOTUNG: ★★★

HERKUNFTSLAND: *Frankreich*

BEZUGSQUELLEN: *Geschäfte in Paris und New York und über Neiman-Marcus in Houston und Dallas*

PACKUNGSGRÖSSEN: *400 g, 600 g, 800 g und 1 kg*

SPEZIALITÄTEN: *s.* GESCHMACKSNOTEN

VERWENDETE KUVERTÜRE: *Valrhona*

Die klassische Bonbonniere im Maison du Chocolat nach einem Entwurf von Hérmes

stärksten Konkurrenten in Paris. LeNôtre bot ihm eine Partnerschaft an, und so begann ihre Zusammenarbeit.

Im Grunde seines Herzens wußte Linxe, daß er durch das Zusammengehen mit LeNôtre seine treue Kundschaft im Stich gelassen hatte. Als 1977 ein Weinhandel in der Rue Faubourg Saint-Honoré – gegenüber dem berühmten Konzertsaal Salle Pleyel – zum Verkauf stand, machte er sich selbständig. Es handelte sich um einen alten Laden mit großzügigen Weinkellern, die für die Schokoladenherstellung wie geschaffen waren, und darüber hinaus inspirierte ihn dieser Ort zu allerlei Schokoladenkreationen, die eine Entsprechung im musikalischen Bereich hatten, wie zum Beispiel La Bohème, Rigoletto, Faust, La Traviata, Othello oder Romeo und Julia. Der Standort erwies sich als überaus günstig, denn fortan zählten auch berühmte Musiker und Künstler zu seinen Kunden.

GESCHMACKSNOTEN:

RIGOLETTO: *Eine flache, quadratische Praline in Milchschokolade mit einem Querstreifen aus dunklerer Schokolade enthielt als Füllung karamelisierte Buttercreme.*

MONT-BLANC: *Ein Kegel in Milchschokolde mit weißer Spitze war mit einer Ganache-Creme gefüllt, die schaumig geschlagene Butter und als Geschmacksstoff Kirschwasser enthielt.*

LISELOTTE: *Eine rautenförmige Praline, umhüllt von Milchschokolade, mit drei Längsstreifen. Die Pralinémasse ist fast eine Gianduja, hergestellt mit Haselnüssen und Mandeln im Verhältnis 1:3.*

GUAYAQUIL: *Ein großes, flaches Pralinenquadrat in edler Bitterschokolade mit leicht welliger Oberfläche enthielt eine feinherbe Ganache-Füllung aus ecuadorianischen Kakaobohnen, die angenehm nach Vanille schmeckte.*

QUITO: *Ein glänzender Palet aus einer kräftig abgeschmeckten Ganache-Creme mit einem Überzug aus feinster Bitterschokolade, die aufgrund der edlen Mischung von Kakaobohnen aus Venezuela, Ecuador, Trinidad und Madagaskar sehr lange nachschmeckte.*

ANDALOUSIE: *Ein mit dunkler Schokolade überzogenes, rechteckiges Konfekt aus einer Ganache-Creme, zubereitet mit Criollo-Kakao und perfekt mit Zitrone abgeschmeckt – eine ungleich schwierigere Komposition als mit Schokolade und Orange.*

ROMÉO: *Eine dunkle Kuvertüre mit Streifen umhüllte eine Butter-Mopkka-Ganache, deren Aroma von frisch gemahlenem Kaffee stammte.*

Moonstruck Chocolatier

6663 SW BVTN HILLSDALE HIGHWAY, STE 194,
PORTLAND, OR 97225
TEL.: 001-503-283-8843 FAX: 001-503-283-8913

Dieses Unternehmen kann eine beachtliche Expertengruppe vorweisen: Dean Stearman, früherer Marketing-Direktor von Godiva USA; Dr. Schouten, Marketing-Professor an der Universität von Portland und William Simmons, den Firmengründer, der über langjährige Erfahrung in der Lebensmittelbranche verfügt. Schon in früheren Untersuchungen kam Simmons zu dem Schluß, daß »der Qualitätswandel der Bohnen seit den achziger Jahren in der (US-amerikanischen) Kaffeebranche in den neunziger Jahren seine Entsprechung in der Schokoladenindustrie findet«. Die Herren haben sich vorgenommen, den amerikanischen Schokoladenmarkt im Sturm zu erobern. Die Pralinen zeugen von handwerklichem Können, die Verpackung ist ansprechend und witzig, und die ›Buch‹-Schachtel garantiert, einmal ein begehrtes Sammlerstück zu werden. Dort werden auf den ersten Seiten im Stil eines Märchens die Ziele der Unternehmens dargestellt.

Moonstrucks Pralinenschachtel in Form einer Mondsichel

Zunächst begann Moonstruck Chocolatier mit einer Schokolade ganz nach heutigem Geschmack. Später stellten sie Untersuchungen über frühere Vorlieben an, stets auf der Suche nach der herben, reinen Schokolade der Vergangenheit.

Bei entsprechender Weiterverarbeitung wird aus den besten Kakaobohnen eine Schokolade mit beinahe mystischen Qualitäten. Ohne Rücksicht auf die Kosten entsteht bei Moonstruck Chocolatier eine einzigartige Schokoladenmasse, die mit frischen Geschmacksstoffen angereichert wird. Hinzu kommt noch die in den nordwestlichen Pazifikstaaten so häufig anzutreffende Kreativität. Preisgekrönte Weine, kräf-

ZUR INFORMATION:

BENOTUNG: ★★

HERKUNFTSLAND: *USA*

BEZUGSQUELLEN: *112 Verkaufsstellen innerhalb der USA und über Mail-order*

PACKUNGSGRÖSSEN: *Schachteln mit 4, 6, 8 und 16 Pralinen sowie 453 g-Packungen*

SPEZIALITÄTEN: *Bonbonnieren in Form einer Mondsichel, diverse Trüffel und Pralinen mit Wein, Weinbrand, Sake, Früchten und Kaffee*

VERWENDETE KUVERTÜRE: *aus eigener Herstellung von ausgesuchten, sehr aromatischen Edelkakaosorten mit 38 bis 40 % Kakaobutter*

tiger Espresso, frische Sahne, gesundes Obst und hochprozentige Spirituosen – all dies hat der Heimat von Moonstruck Chocolatier weltweite Anerkennung eingebracht.

Ihre edlen Pralinen-Kreationen sind eine Hommage an die Reinheit der ursprünglichen Schokolade und an die Lebensfreude.

Entsprechend den gängigen Verkaufs- und Marketingstrategien zeugen die Pralienen von sorgfältigster Verarbeitung, obgleich sie halbindustriell hergestellt werden. Diese Produkte sind vielleicht nicht dazu angetan, aromatischen Edelkakao auf den amerikanischen Markt zu bringen, aber wenn sie dazu beitragen, daß sich die Schokoladenliebhaber Gedanken über die Herkunft der Kakaobohnen machen, dann ist schon viel gewonnen.

Schokoladenmeister ist Robert Hammond, der im Süden der USA bei einem namhaften Chocolatier lernte, später nach Frankreich ging und seine Kenntnisse schließlich in Italien, den Niederlanden, in Großbritannien und dem Nahen Osten vervollkommnete. In den Vereinigten Staaten arbeitete er in renommierten Hotels, auch als Chefkonditor für das Vanderbilt Estate, und ist heute führend auf seinem Gebiet.

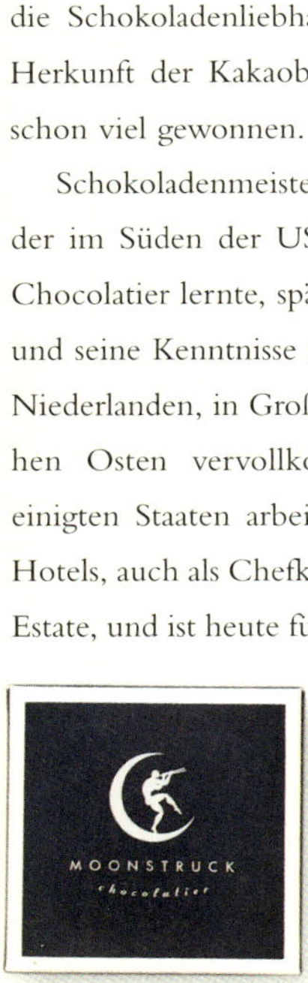

GESCHMACKSNOTEN:

Die von mir verkosteten Pralinen zeugten von handwerklichem Können und enthielten geschmacklich ausgewogene und sehr appetitliche Füllungen. Ich muß allerdings gestehen, daß es mir aufgrund der Füllungen und des großzügigen Einsatzes von Milchschokolade schwerfiel, eine Edelkakaobohne herauszuschmecken, obwohl die Überzugsmasse den berühmten ›zarten Schmelz‹ hatte und auch frei von störenden Nuancen war.

HERZ IN MILCHSCHOKOLADE: *Die Füllung bestand aus Pekannuß-Gianduja und weichem Karamel – eine sehr wohlschmeckende, nicht zu süße Komposition.*

WEIN-TRÜFFEL: *Die Ganache-Creme mit reichlich Fruchtstückchen war ganz vorzüglich – eine äußerst interessante Geschmackskombination.*

HEIDELBEER-TRÜFFEL: *Die marmeladenartige Füllung ergab mit der Ganache-Creme aus weißer Kuvertüre eine sehr süße Praline.*

GIANDUJA-MANDELPRALINÉ: *Das turmartige Gebilde bestand aus sehr feinem Buttertoffee und gerösteten Mandeln.*

TEE-TRÜFFEL: *eine geschmacklich sehr ausgewogene Ganache-Praline, abgeschmeckt mit Karamel und Earl Grey*

CLEAR CREEK APFEL-BRANDY-TRÜFFEL: *eine sehr feine Karamell-Trüffel*

PURE-GOLD-TRÜFFEL: *Diese feinherbe Ganache-Praline war mit Honig und Drambuie abgeschmeckt und elegant in Goldfolie verpackt.*

ESPRESSO-ITALIA-TRÜFFEL: *sehr aromatisch, als würde man an einem Cappuccino nippen*

PRESTAT

14 PRINCES ARCADE, PICCADILLY, LONDON SW1Y 6DS
TEL.: 0044-171-629 4838

Der 1902 in der Oxford Street gegründete Betrieb, einer der ältesten Pralinenläden in London, hat viele Male den Besitzer und den Standort gewechselt und befindet sich nun seit den achziger Jahren in der Princes Arcade. Das Trüffel-Rezept ist ein streng gehütetes Familiengeheimnis noch aus der Zeit Napoleons III. Leider stellt Prestat keine eigenen Pralinen mehr her.

ZUR INFORMATION:

BENOTUNG: ★

HERKUNFTSLAND: *Großbritannien*

BEZUGSQUELLE: *Versandhandel über Katalog*

PACKUNGSGRÖSSEN: *226 g, 340 g, 453 g, 680 g und 907 g*

SPEZIALITÄTEN: *The Connoisseur Assortment sowie Weinbrand-Kirschen*

VERWENDETE KUVERTÜRE: *Streng geheim!*

GROSS-
BETRIEBE

Baratti & Milano

VIA NANNETTI 1, 40069 ZOLA PREDOSA (BO)
TEL.: 0039-51-617 2777 FAX: 0039-51-617 2769

Das 1858 von Ferdinando Baratti und Eduardo Milano gegründete Unternehmen ist ein Newcomer in der Gianduja-Produktion. Seit 1875 dient ihnen das vom Oberbürgermeister feierlich überreichte Wappen der königlichen Familie als Firmenlogo. Das Geschäft hatte großen Zulauf, unter anderem wegen eines riesigen Spiegels, des vermutlich größten in ganz Italien. Außerdem diente er als Treffpunkt für Künstler, Politiker, Wissenschaftler und Schriftsteller jener Zeit. Darunter war auch ein stadtbekannter Arzt, der zum Verzehr dieser Schokolade aufrief, da sie stärkende Eigenschaften habe …

ZUR INFORMATION:

BENOTUNG: ★★
HERKUNFTSLAND: *Italien*
BEZUGSQUELLEN: *Italienische Feinkostläden*
PACKUNGSGRÖSSEN: *verschiedene*
SPEZIALITÄTEN: *Giandujotti, Cremeni, Milord und Medagliato; außerdem Ostereier*
VERWENDETE KUVERTÜREN: *hergestellt aus mittel- und südamerikanischen und afrikanischen Kakao-bohnensorten*

Bendicks of Mayfair

46 CURZON STREET, LONDON W1Y 7RF
TEL.: 0044-171-629 4389/0044-962-844800

Das 1921 von Oberst Benson und Mr. Dickson gegründete Unternehmen war ursprünglich ein Herstellungsbetrieb von Süßigkeiten und Konditoreiwaren, doch mit zunehmender Popularität der Schokolade wurde die Herstellung von Backwaren schließlich aufgegeben. Der Firmenname Bendicks kam durch die Kombination von Benson und Dickson zustande. Das Rezept für die berühmten »Bittermints« geht allerdings auf Bensons Schwägerin zurück und ist seitdem oft kopiert worden. Es handelt sich dabei um Schokoladentäfelchen aus ungesüßter Bitterschokolade, gefüllt mit Pfefferminzfondant. 1962 wurde Bendicks von Königin Elisabeth II. zum Hoflieferanten ernannt. Angeblich sind die Bendicks-Erzeugnisse das Lieblingskonfekt der Königinmutter und des Herzogs von Kent, und die Naschereien sollen in allen Gästeschlafzimmern im königlichen Landsitz von Sandringham in Norfolk ausliegen.

Obwohl inzwischen im Besitz der deutschen Storck GmbH & Co, einem in Halle/Westfalen ansässigen Süßwarenhersteller, produziert das Unternehmen auch weiterhin eine breite Palette von Fondanterzeugnissen, Toffees, Weichkaramellen und Nüssen im Schokoladenmantel. Die ›Oberflächengestaltung‹ erfolgt noch immer größtenteils von Hand, auch sind manche Rezepturen so kompliziert, daß sie keine Automatisierung zulassen. Diese Produkte sind Bestandteile der »Superfine selection«.

ZUR INFORMATION:

BENOTUNG: ★★

HERKUNFTSLAND: *Großbritannien*

BEZUGSQUELLEN: *über die vier eigenen Läden in der Londoner Innenstadt sowie über die großen Kaufhäuser Selfridges, Fortnum & Mason, John Lewis, Waitrose, Safeway, Tesco, J. Sainsbury's in ganz Großbritannien*

PACKUNGSGRÖSSEN: *verschiedene*

SPEZIALITÄTEN: *Mint Collection, Bittermints, Mint Crisps, Chocolate Peppermint Creams, White Chocolate Mints*

VERWENDETE KUVERTÜREN: *aus eigener Herstellung; mit feinaromatischen Bohnen von den Westindischen Inseln für die Bitterschokolade und die Bittermints, mit westafrikanischen Kakaobohnen für die übrigen Fondanterzeugnisse*

GESCHMACKSNOTEN:

BITTERMINT: *Pfefferminztaler aus erfrischendem, festem Minzfondant, umhüllt von ungesüßter Schokolade – wahrlich ein Genuß!*

CHOCOLATE CREME DE MENTHE: *in der Zusammensetzung ausgewogener als die Bittermints; Zartbitterschokolade mit einem Kern aus weichem, grünem Pfefferminzfondant, ebenfalls in Talerform*

CHOCOLATE MINT CRISP: *exquisite Schokoladentaler, verfeinert mit zartem Mint-Crisp – ein echtes Knuspervergnügen*

MAYFAIR MINT: *hauchdünne Schokoladentäfelchen mit weicher Pfefferminzcreme*

VICTORIAN PEPPERMINT CREAM: *noch ein süßer, diesmal aber festerer Pfefferminzfondant, großzügig umhüllt von feinherber Schokolade*

Caffarel

VIA GIANEVELLO 41,-10062 LUSERNA,
S. GIOVANNI (TO)
TEL.: 0039-121-90 03 44 FAX: 0039-121-90 18 53

Caffarel, einer der ältesten Schokoladenhersteller in Europa, inspirierte einst den jungen Schweizer François Louis Cailler zum Bau der ersten Schokoladenfabrik in der Schweiz. Da der grenzüberschreitende Handel zwischen Italien und der Schweiz bereits Anfang des 19. Jahrhunderts florierte, entdeckte Cailler eines Tages auf einem schweizerischen Dorfmarkt die duftende Komposition aus Schokolade und Haselnüssen, die Caffarel kreiert hatte. Der junge Cailler war davon so begeistert, daß er darum bat, nach Italien mitgehen zu dürfen, um dort die Kunst der Schokoladenherstellung zu erlernen. Nach einer vierjährigen Ausbildung bei Caffarel kehrte er als Maître Chocolatier zurück in die Schweiz.

Die Schokoladenfabrik von Caffarel wurde Anfang des 17. Jahrhunderts vor den Toren von Turin erbaut. Das Fabrikgebäude lag praktischerweise an einem Fluß, was den hydraulischen Antrieb der

Kakaopresse möglich machte. Nachdem der Betrieb den ersten Schritt in Richtung Industrialisierung gemacht hatte, entwickelte er sich mit der Zeit zu einem hochmodernen Unternehmen, obwohl der handwerkliche Aspekt dabei nie ganz verlorenging.

Caffarel erfand 1852 die Gianduiotti. Für die neue Schokoladensorte mischte man Kakaopulver und Zucker mit den aromatisch duftenden Haselnüssen aus dem Piemont. Der Name Gianduiotti geht auf das piemontesische Dialektwort *givu*, das später zu Gianduiotto wurde, eine Koseform, die die Gourmets und Gourmands aus aller Welt anlocken sollte.

Die Herstellung dieser Gianduiotti, die früher ausschließlich von Hand erfolgte, wobei die Schokolade mit Hilfe eines Spritzbeutels in Formen gefüllt wurde, übernimmt inzwischen eine eigens dafür konzipierte Maschine. Die Täuschung ist perfekt: Die Gianduiotti sehen noch immer aus wie handgemacht.

Traditionelle Dosen mit Gianduiotti

GESCHMACKSNOTEN:

Die Produkte von Caffarel sind Spitzenqualität. Die Gianduiotti sind zart, nussig und schmelzen butterweich im Mund, ohne am Gaumen zu kleben, und das Croccante Gentile ist das beste Knusperkonfekt, das ich je gegessen habe.

ZUR INFORMATION:

BENOTUNG: **

HERKUNFTSLAND: *Italien*

BEZUGSQUELLEN: *Feinkostläden in 32 Ländern rund um den Globus*

PACKUNGSGRÖSSEN: *verschiedene*

SPEZIALITÄTEN: *Gianduia 1865; Noblesse, Haselnußwürfel in Folie; Bonbonniere mit Pralinen-Spezialitäten. Das Allerbeste sind jedoch die herrlichen Dosen in Blau und Gold, gefüllt mit Gianduiotti, sowie die blauweißen Dosen mit den einzeln verpackten Croccante Gentile; als saisonale Spezialitäten sind erhältlich: rote Rosen, Herzen, Marienkäfer und Hummeln, Goldbarren und Münzen sowie große und kleine Ostereier.*

VERWENDETE KUVERTÜRE:

aus eigener Herstellung mit direkt importierten Kakaobohnen, darunter die edlen Esmeralda-Bohnen aus Ecuador und die Angoleta-Bohnen aus Samoa

Charbonnel et Walker

1 THE ROYAL ARCADE, 28 OLD BOND STREET,
LONDON W1X 4BT
TEL.: 0044-171-491 0939 FAX: 0044-171-495 6279

König Eduard VII. bestärkte einst Madame Charbonnel darin, ihr Pariser Schokoladenhaus Maison Boissier zu verlassen, um zusammen mit Mrs. Walker eine Konfiserie in London aufzumachen. Eröffnet wurde der Laden 1875, und da er seit eh und je den Königshof belieferte, gab es im Laufe der Zeit viele Aufkäufe und Fusionen. 1989 ging das Unternehmen wieder in Privatbesitz über und brachte ein neues Sortiment auf den Markt, darunter auch Schokoladen-Trüffelsaucen, Rührlöffel, Krüge und Trinkschokolade.

Die Verpackung der Pralinen ist noch immer exzeptionell, doch im Warensortiment ist es zu einigen unliebsamen Veränderungen gekommen. Die klassischen Rosen- und Veilchencremes sind zwar nach wie vor einzig in ihrer Art, aber der Rest der vorgegossenen Pralinenhülsen enthält Füllungen im ›kontinentalen Stil‹ und entfernt sich damit immer mehr von der feinen englischen Tradition. Eines haben sich Charbonnel et Walker jedoch bewahrt, und das sind die »Boîtes Blanches«: große, runde Schachteln, die auf den einzelnen Pralinen buchstabierte Mitteilungen enthalten. Das Nummernsystem für Schokoladenerzeugnisse geht auf das Jahr 1901 zurück, als sich die Kunden eine Pralinenmischung eigener Wahl zusammenstellen konnten und so vor unliebsamen Überraschungen sicher waren. Das Unternehmen beschäftigt heute fünf angesehene Schokoladenmeister.

Champagnerflasche aus Schokolade, gefüllt mit Trüffelpralinen, und umhüllte Mokkabohnen

ZUR INFORMATION:

BENOTUNG: ★★

HERKUNFTSLAND: *Großbritannien*

BEZUGSQUELLEN: *zahlreiche Delikatessenläden in ganz Großbritannien und über den Versandhandel*

PACKUNGSGRÖSSEN: *113g, 226g, 453g, 680g, 907g, 1,36 kg, 1,8 kg bis zu 4,5 kg*

SPEZIALITÄTEN: *umhüllte Mokkabohnen, Bittermints, Mint Crisps und Mokka-Stäbchen, Maple Brazils (schokolierte Paranüsse mit Ahornsirup), Cremes Parisiennes (Pariser Creme) und Ingwer-Stäbchen im Schokoladenmantel – allesamt Klassiker; Schokoladen-Champagnerflasche, gefüllt mit Champagner-Trüffeln; Saisonartikel*

VERWENDETE KUVERTÜRE: *Streng geheim!*

GESCHMACKSNOTEN:

Zu den Klassikern im Sortiment gehören Rose Cream, feinster, fester Fondant mit edlem Rosenduft, umhüllt von feiner Bitterschokolade, und die Ingwer-Stäbchen in Zartbitterschokolade. Die Praline mit der Walnuß als Verzierung enthielt eine Walnuß-Ganache von angenehmer Konsistenz. Von den zwei Nußpralinen enthielt die eine eine knackige Paranuß und war umhüllt von feiner Bitterschokolade, während die andere aus Marzipan bestand und ein wenig nach Banane schmeckte.

Der Baton erinnerte im Aussehen an Orangenschalen, bestand aus einem harten Krokantkern und war mit dunkler Schokolade überzogen.

Bei den Trüffeln gab es verschiedene Füllungen: eine schaumig geschlagene Vanille-Mousse; eine aufgeschlagene Orangencreme, die künstlich schmeckte; eine leicht körnige, luftige Milchfüllung und eine übermäßig süße Mousse.

Chocolaterie Bernard Callebaut

1313, 1ST STREET S.E.,
CALGARY, ALBERTA, T2G 5L1
TEL.: 001-403-265 5777 FAX: 001-403-265 7738

Der 1954 in Wieze geborene Bernard Callebaut gehört zur vierten Generation der berühmten belgischen Schokoladenhersteller. Nach dem Tod von Vater und Onkel in den späten siebziger Jahren geriet das Unternehmen in eine Führungskrise, und die vielen kontroversen Meinungen der Familienmitglieder über die Zukunft des Betriebes brachten auch keine Lösung. Schließlich einigte man sich darauf, das Kaufangebot der Schweizer Unternehmensgruppe Suchard-Toblerone anzunehmen, und der Erlös wurde unter den Callebauts aufgeteilt. Für Bernard Callebaut war dies ein willkommener Anlaß, sich auf eigene Füße zu stellen und der restriktiven Geschäftspolitik in Belgien den Rücken zu kehren. Er erlernte zunächst die Herstellung von Creme- und Buttercremefüllungen und reiste dann ein Jahr lang durch die Welt, immer auf der Suche nach einem geeigneten Standort für sein neues Unternehmen.

1983 ließ sich Callebaut in Kanada nieder und eröffnete in Calgary eine Konfiserie – gegen den Rat vieler Einheimischer, die nicht glaubten, daß die teuren europäischen Pralinen-Spezialitäten dort Absatz fänden. Bernard jedoch hatte das Gefühl, daß er richtig lag, frei nach der Devise: je kälter das Klima, desto mehr Schokolade wird gegessen. Nach einem guten Start mit einem Umsatz von 200 000 Dollar im ersten Jahr, der sich im zweiten Jahr verdoppelte, hat er mittlerweile die 3-Millionen-Dollar-Grenze überschritten, und der Aufwärtstrend hält an, da ständig neue Lizenznehmer und Verkaufsstellen in den USA hinzukommen.

ZUR INFORMATION:

BENOTUNG: ★★

HERKUNFTSLAND: *Kanada*

BEZUGSQUELLEN: *20 Händler in Kanada, drei eigene Filialen, weitere in Planung; in den USA auch über Mail-order*

PACKUNGSGRÖSSEN: *verschiedene*

SPEZIALITÄTEN: *47 verschiedene Pralinenkerne, zur Hauptsaison weitere 20 Sorten zusätzlich; außerdem Weihnachtsmänner und andere Saisonartikel*

VERWENDETE KUVERTÜRE: *Callebaut aus Belgien*

GESCHMACKSNOTEN:

Die Pralinen werden nach dem Hohlkörperverfahren hergestellt. Die Amaretto-Buttercreme war sehr weich und zart, ohne dominierende Nuancen, während die Schokoladenhülle aus hochwertiger Bitterschokolade mit zartem Schmelz bestand.

Der Rum-Becher aus dunkler Schokolade enthielt einen Kern aus cremiger Milchschokolade, während die kastanienförmige Praline mit einer süßen grünen Fondantmasse gefüllt war.

Eine Praline aus dunkler Schokolade mit Haselnußpaste und einer Haselnuß als Dekoration war sehr gut, die halbflüssigen Fondantcremes dagegen waren eindeutig zu süß.

Camille Bloch

2608 COURTELARY
TEL.: 0043-39-44 17 17   FAX: 0043-39-44 10 38

Im Jahr 1929 produzierte Camille Bloch in seiner heimischen Küche in Bern seine ersten Pralinen mit Fertigkuvertüre. Im selben Jahr kam es zum großen Börsenkrach an der Wall Street, der die Weltwirtschaftskrise auslöste. Vier Jahre später nahm Bloch trotz der starken Konkurrenz die Schokoladenproduktion auf, obwohl Kakaobohnen sehr knapp waren, und kreierte seine »Ragusa« mit Mandeln und Haselnüssen aus Spanien und der Türkei, den Vorläufer seines berühmt gewordenen Pralinériegels Torino.

Später übernahm Blochs Sohn Rolf den Betrieb, wenngleich der Vater noch bis zu seinem Tod aktiv mitarbeitete. Mit einer täglichen Warenproduktion von 15 Tonnen ist das Unternehmen heute der viertgrößte Schokoladenhersteller der Schweiz. Dennoch wird das Unternehmen noch immer so geführt, wie Camille Bloch es einst verfügte, und die 200köpfige Belegschaft genießt eine Reihe

Eine Spezialität des Hauses sind die Kirsch-li

von sozialen Vergünstigungen, angefangen bei der Unterbringung und Gesundheitsvorsorge über eine Betriebsrente bis hin zu einem Restaurant und einem hausinternen Warenlager. Das Unternehmen Camille Bloch ist nicht daran interessiert, ein multinationaler Konzern zu werden. Es möchte überschaubar bleiben, um tägliche Qualitätskontrollen gewährleisten zu können und um weiterhin in gutem Kontakt zu seinen Kunden und zum Markt zu bleiben.

ZUR INFORMATION:

BENOTUNG: ★★
HERKUNFTSLAND: *Schweiz*
BEZUGSQUELLEN: *zahlreiche Geschäfte in Europa, Nordamerika und Südostasien*
PACKUNGSGRÖSSEN: *125 g, 250 g, 500 g*
SPEZIALITÄTEN: *die nebenstehenden; als saisonale Spezialitäten Kirsch-li, Truffle-Bûchette und Ragusa Jubilée*
VERWENDETE KUVERTÜREN: *aus eigener Herstellung*

GESCHMACKSNOTEN:
Die verkosteten Pralinen waren ganz frisch, seidig glänzend und schmeckten viel besser als erwartet. Sie hatten ein starkes, vielleicht sogar künstliches Vanillearoma und zergingen angenehm kühl auf der Zunge.

Eine Praline bestand aus zartem Haselnuß-Nougat mit einer frisch gerösteten Haselnuß als Dekoration. Es waren auch einige sehr süße »Neapolitains« (kleine Rechtecke aus Bitterschokolade) in den Geschmacksrichtungen Kaffee, Torino, Zartbitter und Cric-Crac darunter. Außerdem gab es noch Likörpralinen ohne Zuckerkruste.

Confiserie Heinemann

KREFELDER STRASSE 645, 41066 MÖNCHENGLADBACH
TEL.: 02161-6930

In Mönchengladbach, das heute wohl vor allem durch seinen Fußballverein berühmt ist, eröffnete Hermann Heinemann 1932 eine Konditorei mit Café. Nach einem schleppenden Start kam das Geschäft im Zweiten Weltkrieg gänzlich zum Erliegen, bis Heinemann 1953 begann, seine eigenen Pralinen herzustellen. Sie wurden ein solcher Erfolg, daß er 1966 bereits sechs Läden in vier verschiedenen Städten besaß, und bald mußte er in ein großes, modernes Produktionsgebäude investieren, um den wachsenden Bedarf zu decken.

Als die beiden Söhne alt genug waren, stiegen sie in das väterliche Unternehmen ein. Nach dem vorzeitigen Tod von Bernd Heinemann im Jahr 1992 leitet heute Heinz Richard Heinemann das Unternehmen, zu dem elf Geschäfte gehören. Außerdem ist er Maître Chocolatier und Mitglied der internationalen Vereinigung Relais Desserts.

ZUR INFORMATION:

BENOTUNG: ★★

HERKUNFTSLAND: *Deutschland*

BEZUGSQUELLEN: *11 Geschäfte in Deutschland und weltweit über Mail-order*

PACKUNGSGRÖSSEN: *eine Riesenauswahl!*

SPEZIALITÄTEN: *über 60 Sorten Pralinen, die täglich frisch hergestellt werden, darunter Kompositionen mit Orange, Kakao, Mandel, Walnuß, Kirschwasser, Nougat und Krokant; außerdem Saisonartikel wie Weihnachtsmänner in verschiedenen Ausführungen, Valentinsherzen, Ostereier, Blumensträuße, Clowns, Tiere und andere lustige Figuren, gefüllt mit Pralinen*

VERWENDETE KUVERTÜREN: *aus eigener Herstellung*

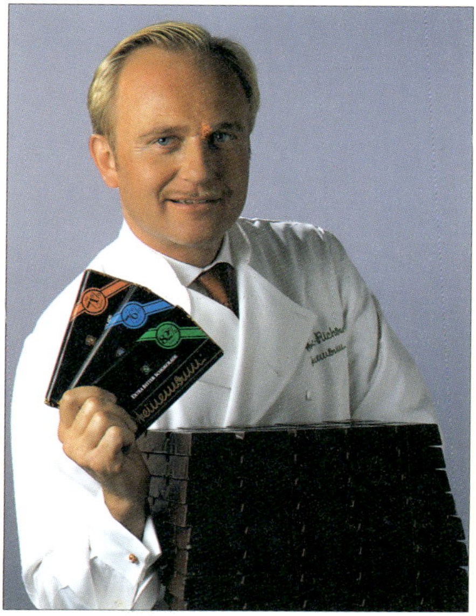

Maître Chocolatier Heinz Richard Heinemann

GESCHMACKSNOTEN:

Eine exquisite Champagner-Trüffel war außen mit Puderzucker bestäubt und enthielt in der Milchschokoladenhülle zwei Füllungen: eine zartschmelzende, reichlich »beschwipste« Buttercreme und eine Ganache-Creme aus Milchschokolade.

Eine vorgegossene quadratische Pralinenhülse aus Milchschokolade war mit zähflüssigem Karamel gefüllt, mit Mandelkrokant abgedeckt und schmeckte ausgezeichnet.

Die Milchschokoladen-Trüffel mit weißen Streifen schmeckte zu stark nach einem hochprozentigen Orangenlikör, es fehlte das subtile Aroma.

CUBA

PIAZZA EUROPA 14, 12100 CUNEO
TEL.: 0039-171-26.42.45 FAX: 0039-171-26.40.08.

Dieser Familienbetrieb existiert bereits in der dritten Generation. Der Firmenname bezieht sich vermutlich auf die Schokoladenzigarren des Unternehmens, das von der italienischen Zöliakie-Vereinigung für die Reinheit seiner Erzeugnisse ausgezeichnet wurde (Zöliakie-Patienten sind auf glutenfreie Produkte angewiesen).

ZUR INFORMATION:

BENOTUNG: ★

HERKUNFTSLAND: *Italien*

BEZUGSQUELLEN: *Griechenland, Australien, Südamerika, Deutschland, Frankreich und Großbritannien*

PACKUNGSGRÖSSEN: *verschiedene*

SPEZIALITÄTEN: *Gianduiotti, Tartufo, Pistacchio (Mandel-Pistazien-Schokolade), Crocantino; kandierte Orangenschale in Schokolade*

VERWENDETE KUVERTÜRE:
aus eigener Herstellung mit Kakaobohnen aus Guayaquil (Ecuador), Venezuela und Ghana

DREIMEISTER

WESTSTRASSE 47–49
59457 WERL-WESTÖNNEN
TEL.: 02922-8 20 45   FAX: 02922-8 52 52

Das Unternehmen wurde 1953 als Café Schröder vom Vater des jetzigen Konditormeisters Hans Wilhelm Schröder unweit der Wallfahrtskirche gegründet und 1973 in Dreimeister umbenannt. 1988 zog es in eine ehemalige Molkerei um, die zur Fabrikationshalle ausgebaut worden war. Trotz des großen Umsatzes garantiert Dreimeister, daß nur hochwertige und frische Rohstoffe zur Verarbeitung kommen: Kein Produkt ist älter als eine Woche, wenn es den Kunden erreicht.

ZUR INFORMATION:

BENOTUNG: ★★
HERKUNFTSLAND: *Deutschland*
BEZUGSQUELLEN: *Hotels, Restaurants, Feinkostläden, Fluggesellschaften und über Mail-order*
PACKUNGSGRÖSSEN: *verschiedene*
SPEZIALITÄTEN: *Trüffel und Weihnachtsartikel wie Tannenbäume und Sterne*
VERWENDETE KUVERTÜRE: *Callebaut und Cacao Barry*

GODIVA

5, RUE DE L'ARMISTICE, 1080 BRÜSSEL
TEL.: (LONDON) 0044-171-495 2845
FAX: 0044-171-409 0963

Viele assoziieren mit dem Namen Godiva die edelsten Pralinen, die für Geld zu haben sind. Vor allem in den Vereinigten Staaten erfreuen sie sich großer Beliebtheit. Das Schokoladen-Imperium wurde 1929 von der Familie Draps gegründet, 1966 dann von Campbell's Soup aufgekauft und ist heute ein multinationaler Konzern mit weltweit über 1400 Niederlassungen. Die Pralinenproduktion erfolgt teils in Belgien (für den europäischen Markt), teils im US-Staat Pennsylvania, wo speziell für den amerikanischen Markt produziert wird. Die Rezepturen sind den jeweiligen Vorlieben angepaßt.

Pralinen-Spezialitäten von Godiva in der typischen Aufmachung

ZUR INFORMATION:

BENOTUNG: ★

HERKUNFTSLAND: *Belgien*

BEZUGSQUELLEN: *Hauptgeschäft und mehrere Filialen in Brüssel; weltweit über Mail-order*

PACKUNGSGRÖSSEN: *Packungen von 226 bis 907 g sowie Geschenkpackungen bis 1,8 kg*

SPEZIALITÄTEN: *Dame Blanche, Autant, Truffle Amère, Cérisette, Coeur de Bruxelles, Hell-Dunkel-Konfekt, Truffle Fine Champagne. Als Saisonartikel gibt es Schokoladentafeln, Bûchettes (»Holzscheite«) in verschiedenen Größen, Maronenkonfekt und Walnuß-Orangen-Praliné.*

VERWENDETE KUVERTÜREN:
helle, dunkle und weiße Kuvertüre aus eigener Herstellung nach einem patentierten Rezept

GESCHMACKSNOTEN:

Die von mir verkosteten Pralinen stammten aus Belgien. Die sehr süßen Pralinenkerne waren von hochwertiger Schokolade umhüllt.

Das dunkle Schokoladenherz hatte eine Pralinéfüllung unter der dicken Hülle; eine in Kakaopuder gewälzte Trüffel war offenbar zweimal in Kuvertüre getaucht worden, die helle, mit Vanille und Rum abgeschmeckte Ganachecreme war mir zu süß.

Bei einer anderen mit Kakao bestäubten Trüffel bestand die äußere Hülle aus Bitterschokolade, dann folgte eine Hülle aus Milchschokolade, unter der sich eine cremige Trüffelmasse verbarg. Die Kugel aus Milchschokolade mit dem aufgespritzten Blatt aus dunkler Schokolade hatte eine zarte Karamelfüllung mit einem Hauch Kaffee.

Das weiße Konfekt mit Nußstreuseln und blasser, körniger Füllung aus Praliné war zu süß.

Hotel Sacher

Philharmonikerstrasse 4,
1010 Wien
Tel.: 0043-1-51456 Fax: 0043-1-51457

Die berühmteste Schokoladentorte der Welt, die Sachertorte, wurde 1832 von dem damals sechzehnjährigen Küchenjungen Franz Sacher erfunden, der gerade eine Lehre als Koch machte. Sein Geheimrezept nahm der junge Sacher später mit in den Esterházy-Palast, wo er eine Zeitlang als Koch arbeitete. Er und seine Torte waren sehr gefragt, und so hatte er mit 30 Jahren bereits ein kleines Vermögen angespart. Er ging zurück nach Wien und betrieb dort einen Feinkostladen hinter dem Stephansdom. Später eröffnete sein Sohn das weltberühmte Hotel Sacher, das inzwischen auf eine über 100jährige Geschichte zurückblicken kann.

Zur Information:

Benotung: ★★

Herkunftsland: *Österreich*

Bezugsquellen: *über das Hotel Sacher und weltweit über Mail-order*

Packungsgrössen: *keine bestimmten*

Spezialitäten: *Sachertorte*

Verwendete Kuvertüre: *Streng geheim!*

Joseph Schmidt Confections

3489, 16TH STREET, SAN FRANCISCO, CA 94114
TEL.: 001-415-861 8682 FAX: 001-415-861 3923

Nachdem Joseph Schmidt und Audrey Ryan 1983 ihren ersten Laden eröffnet hatten, expandierte das Unternehmen so rasch, daß die Produktion bald in ein größeres Gebäude verlegt werden mußte. Die Pralinen von Joseph Schmidt sind ein hinreißender Anblick und das Extravaganteste, das ich je gesehen habe, ohne dabei übertrieben zu wirken. Audrey Ryan ist für das Design der Packungen verantwortlich und führt auch die etwas phantasievolleren Bestellungen aus. Der 1939 als Kind österreichischer Eltern geborene Schmidt absolvierte eine Ausbildung zum Bäcker – ohne ›Ausflüge‹ ins Konditorfach –, und er hält nichts davon, bei einem Maître Chocolatier Lehre zu gehen: »Ich orientiere mich nicht an einem Meister, wie es in Europa üblich ist,

Edle Trüffel-Kompositionen von Joseph Schmidt

wo das Gelernte bibelgetreu befolgt wird. Ich breche gern mit der Tradition, denn das macht genausoviel Spaß wie das Festhalten daran. Schokolade ist das tollste Material in der Lebensmittelbranche. Sie wird schnell weich, du kannst damit spielen, und innerhalb von Minuten wird sie hart wie Stein. Man könnte meinen, daß sich aus diesem Grund viele kreative Menschen von Schokolade angezogen fühlen, aber dem ist leider nicht so. Die Schokoladenindustrie ist erzkonservativ. Die Konfiseure in der Schweiz, in Frankreich und anderswo bringen Jahr für Jahr dieselben Geschmacksnoten und dieselben Formen auf den Markt.« Schmidt ist mit solchem Eifer bei der Sache, daß er oft 16 bis 18 Stunden am Tag arbeitet und nie einen Auftrag ablehnt, welcher ihm stets Herausforderung und Inspiration zugleich ist. Schmidts

ZUR INFORMATION:

BENOTUNG: ★★★

HERKUNFTSLAND: *USA*

BEZUGSQUELLEN: *Ladengeschäft in San Francisco sowie über Neiman Marcus, Macy's, Nordstrom, Saks Fifth Avenue und William's Sonoma in den Vereinigten Staaten; für den US-Markt auch über einen vierteljährlich erscheinenden Versandkatalog; in London über Harrods*

PACKUNGSGRÖSSEN: *verschiedene*

SPEZIALITÄTEN: *Artikel zu diversen Anlässen und Jahreszeiten wie Valentinstag, Ostern, Muttertag, Sommer, Vatertag, Herbst, Erntedank und Weihnachten; außerdem Spezialanfertigungen wie eine weiße Taube für Nelson Mandela, einen Riesenpanda für Prinz Philip, ein von Nancy Reagan geordertes Geschenk zum Hochzeitstag, ein Eiffelturm für den französischen Botschafter und ein Geschenk für Michail Gorbatschow*

VERWENDETE KUVERTÜRE: *Callebaut aus Belgien*

nächtliche Aktivitäten muten wie aus einem Märchen an: Niemand, außer Audrey Ryan, hat ihn je bei seinen Schokoladen-Kreationen beobachtet, die tags darauf im Laden stehen. Erst wenn die gesamte Belegschaft das Gebäude verlassen hat, begibt sich Joseph an die Arbeit, rührt die verschiedenfarbigen Kuvertüren zusammen und modelliert daraus regelrechte Meisterwerke. Seine Kreationen reichen von kunstvollen Miniaturen bis zu riesigen Skulpturen, darunter auch eine etwa einen Meter hohe, exakt maßstabsgetreue Ausführung der berühmten Drahtseilbahn von San Francisco, bis ins kleinste Detail aus Schokolade, die für Königin Elisabeth II. anläßlich ihres Besuches in San Francisco bestellt worden war. Schmidt hält nichts von der Verwendung stützender Elemente, die sich nicht zum Verzehr eignen. Er schwärmt für Schokolade, weil sie in wenigen Minuten aushärtet, jahrelang haltbar ist und darüber hinaus auch noch herrlich schmeckt. Schmidt wird so wohl nie im Leben dem Klischee des hungernden Künstlers entsprechen … Mit seinem unkonventionellen Arbeitsstil hat er schon viele neue Verfahren entwickelt und ist gerade dabei, sie sich patentieren zu lassen. Schmidt setzt zum Temperieren der Schokolade keine Maschinen ein, sondern vertraut lieber auf Plastikeimer, einen alten Backofen und ein Kontrollämpchen. Wie sagt er doch so schön: »Ich habe meine Finger schon in so viel Schokolade gesteckt, daß mir das Temperieren mittlerweile im Blut liegt.« Was ihn darüber hinaus sympathisch macht, ist die Tatsache, daß er sich nicht allzu ernst nimmt: »Diese Arbeit ist absolut aufregend. Ich liebe sie. Und man sieht am fertigen Produkt, ob man Spaß daran hatte. «Dem kann ich einfach nur zustimmen.

GESCHMACKSNOTEN:

Slicks, ein Sortiment dünner, glänzender ›Taler‹, war makellos gefertigt und mit verschiedenfarbigen Dekorationen versehen. Der Orangen-Taler war von weißer Kuvertüre umhüllt und enthielt eine aromatische Orangenbutter-Ganache. Ganz vorzüglich schmeckte auch der Karamelkern in knuspriger Milchschokolade: Der Pralinenkern war cremig und ausgewogen im Geschmack.

Sehr gut war auch der Pilz in weißer Schokolade, die Füllung bestand aus einer dunklen zartschmelzenden Trüffelmasse mit einem Hauch von Amaretto.

La Fontaine au Chocolat

101 & 210 RUE SAINT HONORÉ, 75001 PARIS
TEL.: 0033-1-42 44 11 66 / 0033-1-42 33 09 09
FAX: 0033-1-42 44 11 60

Die beiden Läden in der Rue Saint-Honoré sind im Besitz der Familie Cluizel. Das erste Geschäft, das 1987 von Michel Cluizel eröffnet wurde, ist durch seine ›Schokoladen-Quelle‹ berühmt geworden – geschmolzene Schokolade, die in Kaskaden drei Kupferstufen hinabfließt. Der Laden ist ein Schaufenster für Cluizels Schokolade, die im kleinen Rahmen industriell gefertigt wird und in ganz Frankreich erhältlich ist.

Das Unternehmen selbst startete 1947 in Damville (Normandie), als Konditormeister Marc Cluizel im Ruhestand begann, Schokolade herzustellen. Im Jahr darauf kam sein vierzehnjähriger Sohn Michel dazu, und heute arbeiten auch dessen Kinder im Familienbetrieb.

La Fontaine au Chocolat ist einer der wenigen unabhängigen französischen Betriebe der Schokoladenindustrie, die ihre Schokolade noch von Anfang bis Ende selbst herstellen, und berühmt für

Tafelschokolade von Michel Cluizel mit 72 % Kakaoanteilen

seine Tafelschokolade mit einem Kakaogehalt von 99 %, die viele Liebhaber findet. Edle Aromen sind dabei nicht leicht auszumachen, da die Kakaobohnen sehr stark geröstet werden.

ZUR INFORMATION:

BENOTUNG: ★★

HERKUNFTSLAND: *Frankreich*

BEZUGSQUELLEN: *vielerorts erhältlich, auch über Mail-order*

PACKUNGSGRÖSSEN: *285 g, 400 g, 570 g, 800 g, 1,1 kg, 2,1 kg*

SPEZIALITÄTEN: *Tafelschokoladen, das sogenannte Herbst-Sortiment*

VERWENDETE KUVERTÜREN: *aus eigener Herstellung mit Bohnen aus Venezuela, Ecuador, Brasilien, Kolumbien, Ghana, Java und von der Elfenbeinküste*

GESCHMACKSNOTEN:

Die interessanteste und bisher erfolgreichste Kreation des Hauses ist zweifellos das Knusperkonfekt Saint-Roch. Das Knuspervergnügen ist wirklich einzigartig und kommt durch winzige Partikel gerösteten Kakaokernbruchs zustande. Hübsch verpackt in einer Schachtel aus vorgetäuschtem Vogelaugen-Ahorn befand sich ein stark glitzernder Palet d'argent in reichlich Silberfolie, der mit einer herben, aber zartschmelzenden und cremigen Ganache gefüllt war; die in grüne Folie eingewickelte Traube war mit Marc getränkt und von sehr herber Bitterschokolade umhüllt.

Sehr köstlich fand ich auch eine Ganache-Praline in Milchschokolade, die rumgetränkte Rosinen enthielt; ferner eine süße, luftig aufgeschlagene Praline in gehaltvoller Bitterschokolade; die Trüffelpraline Cacao de Brésil, wobei es sich um eine zarte, schaumig aufgeschlagene Ganache-Creme handelte, die mit gebranntem Kakao ausdekoriert war, und zu guter Letzt den Palet Cacao de Java, eine aufgeschlagene, cremige Trüffelmasse mit intensivem Schokoladengeschmack.

Le Chocolatier Bruyerre

47, CHAUSEE DE BRUXELLES, 6401 GOSSELIES
TEL.: 0032-71-85 22 42/85 38 18
FAX: 0032-71-85 33 38

Der Chocolatier und Pâtissier Monsieur F. L. Bruyerre gründete 1910 in Belgien sein Pralinengeschäft, das bis zum Ausbruch des Zweiten Weltkrieges florierte. Als Monsieur Bruyerre 1944 starb, übernahmen seine Schwiegersöhne E. und A. Collet den Betrieb, um weiterhin Pralinen herzustellen. Im Laufe der Jahre expandierte das Unternehmen und produziert heute – immer noch in Handarbeit – erstklassige Pralinen sowohl für den nationalen als auch für den internationalen Markt.

Maître Chocolatier ist der 52jährige Jean-Marie Poty, der sein eigenes Geschäft aufgab, um Produktionsleiter und Personalchef bei Bruyerre zu werden.

ZUR INFORMATION:

BENOTUNG: ★

HERKUNFTSLAND: *Belgien*

BEZUGSQUELLEN: *Hauptgeschäft in Gosselies sowie über die Filialen in Brüssel, Paris, Köln, London, New York und Tokio*

PACKUNGSGRÖSSEN: *250 g, 500 g, 1 kg*

SPEZIALITÄTEN: *drei Pralinen-Sortimente: Classic, Prestige und Maître Chocolatier, außerdem Trüffel, Likörpralinen, Marzipankonfekt und Schokoladencreme*

VERWENDETE KUVERTÜRE: *Spitzenqualität von Callebaut*

Lindt & Sprüngli

SEESTRASSE 204, 8802 KILCHBERG
TEL.: 0041-1-716 22 33 FAX: 0041-1-715 39 85

Lindt ist eine der ältesten Schweizer Schokoladenfabriken, und ihr Gründer Rodolphe Lindt revolutionierte mit seiner Erfindung der Conchen die Schokoladenherstellung. Bei dieser Form der Endveredelung wird die Schokoladenmasse unter Zugabe von Kakaobutter intensiv gerührt, gewendet und belüftet, bis sie eine homogene Struktur besitzt. Das war die Geburtsstunde der Schokolade mit dem zarten Schmelz. Mit Johann Rodolphe Sprüngli übernahm ein Familienmitglied einer ebenfalls im Schokoladengeschäft erfolgreichen Dynastie für die gewaltige Summe von 1,5 Millionen Goldfranken die Fabrik. Damit war der Grundstein für das Imperium Lindt & Sprüngli gelegt. Heute produziert das Unternehmen eine große Auswahl von Tafelschokoladen, Pralinen, Ostereiern und Kuvertüren in Spitzenqualität.

ZUR INFORMATION:

BENOTUNG: ★★

HERKUNFTSLAND: *Schweiz*

BEZUGSQUELLEN: *Feinkostläden, Supermärkte, weltweit über Duty-free-Shops und Versandservice der Post (Pralinés-Post)*

PACKUNGSGRÖSSEN: *verschiedene*

SPEZIALITÄTEN: *Grand-Cru-Tafelschokoladen, Lindt-Orangenschokoladentäfelchen und Saisonartikel wie Ostereier, Christbaumschmuck*

VERWENDETE KUVERTÜRE:
aus eigener Herstellung mit Kakaobohnen aus Trinidad, Grenada und Ghana

Mazet de Montargis

PLACE MIRABEAU, MONTARGIS
TEL.: 0033-2-38 98 63 55

Angeblich sind Pralinen nicht das Produkt langwieriger Tüfteleien, sondern 1671 durch einen Zufall entstanden. Der als Feinschmecker bekannte Herzog von Plessis-Praslin wartete bereits ungeduldig auf sein Dessert, als der ungeschickte Küchenjunge eine Schüssel mit geschälten Mandeln auf den Boden fallen ließ. Der aufgebrachte Koch versetzte ihm eine Ohrfeige und leerte dabei ein Pfännchen mit gebranntem Zucker über die Mandeln. Der Herzog schnupperte das liebliche Aroma und wollte diese neue Speise unbedingt kosten. Er war davon so begeistert, daß er sie kurzentschlossen »Praslin« nannte. Seitdem hat sich das köstliche Produkt viele Male verändert, ist jedoch in seiner ursprünglichen Form noch bei Mazet de Montargis zu bekommen, wo es nach Originalrezept hergestellt wird. Die als Praliné bekannten Abwandlungen findet man allerorts in der Schokoldenindustrie.

(links) *Trüffel nach Art des Hauses*
(rechts) *Die Originalpralinen*

Die Confisserie du Roy, die seit 1647 in Montargis bestand und für ihre ›Praslines‹ bekannt war, wurde 1902 aufgekauft und in Mazet de Montargis umbenannt. Der Betrieb mit dem schönen historischen Ladenlokal in Montargis und einem Geschäft in Paris ist seit drei Generationen in Familienbesitz.

ZUR INFORMATION:

BENOTUNG: ★★

HERKUNFTSLAND: *Frankreich*

BEZUGSQUELLEN: *Geschäft in Montargis und über das Geschäft in der Avenue Victor Hugo 116 in Paris; außerdem über Mail-order*

PACKUNGSGRÖSSEN: *verschiedene*

SPEZIALITÄTEN: *wie in nebenstehender Beschreibung, außerdem Saisonartikel: zu Ostern von Hand geblasene, originalgroße Hühnereier aus Karamel, gefüllt mit Pralinés, und täuschend echte Wachteleier (die dort Möweneier heißen), hergestellt aus Praliné mit gefleckter Zuckerglasur; Süßigkeiten zum Valentinstag*

VERWENDETE KUVERTÜREN:
Chocolat du Pecq (78230 Le Pecq), Americao mit 72 % Kakaoanteilen, hergestellt aus südamerikanischen und afrikanischen Kakaobohnen, sowie Milchschokolade Extra mit 37 % Kakaogehalt, hergestellt aus afrikanischen und indonesischen Kakaobohnen

GESCHMACKSNOTEN:

Zu den Spezialitäten des Hauses gehören Trüffel- und Pralinen-Kreationen, außerdem Fruchtpasten, Marzipan und glasierte Maronen. Die Originalpralinen bestehen aus karamelisierten gerösteten Mandeln.

Amandas: Mandel-Krokant, in Schokolade und Kakaopulver; Mirabos: Haselnuß-Orangen-Nougat, umhüllt von Milchschokolade und in Kakaopulver gewälzt

Passions: dragierte Mandeln im Schokoladenmantel; Lyette: dragierte Haselnüsse im Schokoladenmantel; Grelons: dragierte Haselnüsse mit einer Decke aus Milchschokolade und Zuckerguß; Givrettes: dragierte Mandeln in Milchschokolade

NEUHAUS

POSTBOX 2, 1602 VLEZENBEEK
TEL.: 0032-2-568 2211 FAX: 0032-2-568 2207

Neuhaus gehört zu den berühmtesten belgischen Pralinenherstellern. Gegründet wurde das Unternehmen 1857 vom Schweizer Jean Neuhaus, der sich in Belgien niedergelassen hatte und von sich behauptete, die Praline erfunden zu haben. Sein erstes Geschäft, eine Apotheke, eröffnete Neuhaus zusammen mit seinem Schwager. Als dieser starb, wandte sich Neuhaus der Schokolade zu und machte sich innerhalb kürzester Zeit einen Namen als Zuckerbäcker. Zu seinen Spezialitäten gehörten Fruchtpasten, Vanilleschokolade, Karamelbonbons und »Praslines«, die Vorläufer der heutigen Pralinen: karamelisierte Mandeln ohne Schokoladenüberzug. 1895 wurde das erste exklusive Schokoladengeschäft Neumann-Jerrin eröffnet. Das Unternehmen blieb über Generationen in Familienbesitz, bis es 1978 verkauft und zum multinationalen Konzern NV Neuhaus Mondose SA ausgebaut wurde.

Das Vorzeigegeschäft von Neuhaus in Belgien

GESCHMACKSNOTEN:

Diese industriell gefertigten Pralinen sind relativ groß und sehr süß. Im Pralinen-Sortiment dominierte weiße Schokolade. Von guter Qualität war die dunkle Kuvertüre auf der ovalen Praline mit dem Schriftzug »Neuhaus«; ihre Füllung bestand aus mehreren Schichten einer sehr süßen, dickflüssigen Creme, bei der es sich um eine Rum-Trüffelmasse handelte.

Die dunkle Praline mit einem N enthielt knusprige Nüsse und eine Lage Praliné; eine längliche Praline hatte eine Knusperschicht als Boden und einen Kern aus Montélimar-Nougat; eine Praline in weißer Schokolade hatte einen Kern aus ›frischer Sahne‹ und war ebenfalls sehr süß.

ZUR INFORMATION:

BENOTUNG: ★

HERKUNFTSLAND: *Belgien*

BEZUGSQUELLEN: *65 Geschäfte in Belgien, Filialen in anderen europäischen Ländern, in den Vereinigten Staaten, Kanada, Japan, Hongkong und Australien*

PACKUNGSGRÖSSEN: *verschiedene*

SPEZIALITÄTEN: *Caprice, Tentation, Marron, Trüffeln, Pralinen mit frischer Sahne und Alkohol, 65 verschiedene Nußpralinen*

VERWENDETE KUVERTÜRE: *Callebaut*

PUYRICARD

QUARTIER BEAUFORT, 13090 PUYRICARD
TEL.: 0033-4-42 96 11 21 FAX: 0033-4-42 21 47 10

Die gebürtigen Belgier Marie-Anne und Jean-Guy Roelandts siedelten 1968 von der ehemaligen Kolonie Belgisch-Kongo nach Puyricard, einem Dorf in der Provence, und begannen, die Schokoladenherstellung zu erlernen, um die Einheimischen davon zu überzeugen, daß Schokolade es nicht verdient, nur zu Weihnachten auf den Tisch zu kommen. Gut 27 Jahre später ist aus dem ehemaligen Zweier-Team ein Großunternehmen geworden, das 26 Schokoladenmeister und 70 Vollzeitangestellte (200 um die Weihnachtszeit) beschäftigt und über elf Geschäfte – alle unter Marie-Anne Roelandts Leitung – verfügt. Der Fortbestand des Unternehmens als Familienbetrieb scheint gesichert, da der Sohn und die Tochter des Ehepaares inzwischen mitarbeiten.

ZUR INFORMATION:

BENOTUNG: ★★
HERKUNFTSLAND: *Frankreich*
BEZUGSQUELLEN: *Geschäfte in Frankreich; weltweit über Mail-order*
PACKUNGSGRÖSSEN: *Schachteln von 250 g bis 1 kg; für den Export außerdem Spezialkartons*
SPEZIALITÄTEN: *Ein sehr großes Sortiment Pralinen, insgesamt 72 verschiedene Sorten; die meisten der Pralinen sind handgefertigt, auch das Einwickeln in Folie erfolgt von Hand. Als provenzalische Spezialitäten gibt es den Clou de Cézanne (»Cézannes Nagel«), eine kandierte Feige mit Marc de Provence in einer C-förmigen Schokoladenpraline; Lou Poutounet (»ein Küßchen«), mildes Haselnuß-Praliné in Milch- oder Bitterschokolade. Eine andere saisonale Spezialität (überwiegend im Sommer, wenn es sehr heiß ist und der Pralinenverkauf stark zurückgeht) ist der Calisson d'Aix, provenzalisches Mandelkonfekt mit kandierten Früchten (Melone und Orangenschale), Sirup und Orangenblütenwasser, das Ganze in Schiffchenform, oben mit Zuckerguß, unten mit einer Oblate.*
VERWENDETE KUVERTÜREN: *Spezialanfertigung von Callebaut. Die helle Kuvertüre wird von Kakaobohnen aus Java und Madagaskar hergestellt, die dunkle aus lateinamerikanischem Criollo- und Trinitario-Kakao, vermischt mit kleinen Mengen von afrikanischem Forastero-Kakao.*

Obwohl die Roelandts anfänglich auf die belgische Pralinentradition setzten, sind sie inzwischen strikt gegen die übermäßige Verwendung von Zucker, Fett und minderwertigen Rohstoffen, wie sie in ihrer Heimat üblich ist. Trotz gewisser Ähnlichkeiten mit belgischen Rezepturen ist der niedrige Zuckergehalt die wichtigste Besonderheit. Dieser Bruch mit der Tradition war ihrer Einschätzung nach der Schlüssel zum Erfolg. Sie verzichten bewußt auf ultrahocherhitzte Sahne, dehydrierte Butter, Konservierungsstoffe sowie Tiefkühlprodukte: »Ich setze bei meinen Produkten auf hundertprozentige Qualität. Wenn andere sich mit 70 % zufriedengeben, so ist das ihre Sache. Mir reicht das nicht«, sagt Marie-Anne Roelandts.

GESCHMACKSNOTEN:

Die elegante Aufmachung war den Pralinen angemessen: Sie sahen sehr schön aus und hatten einen seidigen Glanz. Die meist vorgegossenen Pralinenhülsen hatten sehr lockere und flüssige Füllungen. Trotz des geringen Zuckergehalts entsprachen Kuvertüren und Füllungen deutlich belgischen Vorbildern. Die Schokoladenüberzugsmasse hatte einen zarten Schmelz. Probiert habe ich einen zarten, cremigen Palet d'Or, ein Herz aus Vollmilchschokolade sowie die Karamel-, Marzipan- und Nußpralinen, die sehr gehaltvoll waren und von handwerklichem Können zeugten.

Ramón Roca Chocolates

Mercaderos 6, 17004 Gerona
Tel.: 0034-72-203662/201736 Fax: 00341-72-206337

Maître Chocolatier dieser großen, 1928 von der Familie Roca gegründeten Schokoladenfabrik ist Ramón Roca Vinals. Sein handwerkliches Können hat er bei internationalen Wettbewerben unter Beweis gestellt, und seine Meisterwerke aus Schokolade, zum Beispiel der 1,6 Meter hohe Denker nach der gleichnamigen Skulptur des Bildhauers Rodin, der 1,8 Meter hohe Diskuswerfer nach Myron, eine 2,1 Meter hohe Freiheitsstatue sowie eine lebensgroße Nachbildung von Christoph Columbus haben ihm zahlreiche Preise eingebracht. Der zweite Schokoladenmeister in diesem Betrieb ist Ramón Roca Miralles, dessen Herz

Damespiel aus weißer und dunkler Schokolade

ebenfalls an der Schokoladenkunst hängt, so daß auch er verschiedene Meisterwerke in Schokolade nachbildete, darunter etwa den Wandteppich mit der Schöpfungsgeschichte, der in der im 12. Jahrhundert erbauten Kathedrale von Gerona aushängt, sowie diverse Gemälde von Dalí, Picasso, Miró, Toulouse-Lautrec und van Gogh.

ZUR INFORMATION:

BENOTUNG: ★

HERKUNFTSLAND: *Spanien*

BEZUGSQUELLEN: *über Filialen in Spanien, Japan, den USA, Großbritannien, den Niederlanden, Deutschland und Italien*

PACKUNGSGRÖSSEN: *keine bestimmten*

SPEZIALITÄTEN: *ausgefallene Schokoladenerzeugnisse, darunter eine ganze Spielesammlung mit einem Damespiel aus weißer und dunkler Schokolade; glasierte Maronen*

VERWENDETE KUVERTÜREN:
dunkle Kuvertüre mit 62 % und Milchkuvertüre mit 35 % Kakaobestandteilen sowie weiße Kuvertüre mit 32 % Kakaobutter

ROGERS' CHOCOLATES

913 GOVERNMENT STREET,
VICTORIA, BRITISH COLUMBIA, V8W 1X5
TEL.: 001-604-384 7021
FAX: 001-604-384 5750

Charles »Candy« Rogers, der vor über 100 Jahren als Obst- und Gemüsehändler anfing und in seinem Laden auch importierte Süßigkeiten verkaufte, beschloß schließlich, da sein Lieferant allzu unzuverlässig war, diese selbst herzustellen, und hatte damit durchschlagenden Erfolg. »Candy« Rogers kreierte eine ganze Palette von Pralinen und Süßigkeiten und ist noch heute berühmt für seine Victoria Creams (Cremepralinen). Sein 1913 erbautes Geschäft hat nichts von seinem ursprünglichen Reiz verloren – von den antiken Vitrinen bis zu den abgeschrägten Glastheken ist alles noch erhalten.

Nach Rogers' Tod führte zunächst seine Frau das Geschäft bis Ende der zwanziger Jahre weiter. Seitdem wechselten die Besitzer mehrmals. In den letzten zehn Jahren expandierte der Betrieb unter den jetzigen Eigentümern von zwei Läden und drei Großhändlern zu mittlerweile etwa 300 Groß-

ZUR INFORMATION:

BENOTUNG: ★

HERKUNFTSLAND: *Kanada*

BEZUGSQUELLEN: *300 Verkaufsstellen in Kanada, einschließlich Eaton's und Hudson Bay Company. Weltweit über den Direktvertrieb oder Bestellung über E-Mail*

PACKUNGSGRÖSSEN: *von 180 g bis 900 g (für die Cremepralinen)*

SPEZIALITÄTEN: *Victoria-Cremepralinen, Mandel-Krokant in Bitterschokolade, Ingwerstäbchen im Schokoladenmantel, Schokoladentäfelchen, gefüllt mit Pfefferminzcreme, Butterscotch crunch und Empress squares; Saisonartikel zum Valentinstag, Muttertag, zu Ostern und zu Halloween sind nur über den Einzelhandel in Victoria zu beziehen.*

VERWENDETE KUVERTÜREN: *Guittard*

händlern und dazu etwa 25 000 Kunden im Direktvertrieb. Einige Pralinen werden noch immer in der Küche hinter dem Verkaufsraum hergestellt, der Großteil stammt jedoch aus der Fabrik außerhalb von Victoria. Der Betrieb hat inzwischen auf Maschinen umgestellt, um der steigenden Nachfrage gerecht zu werden, und beschäftigt derzeit 50 Angestellte.

Brian Boychuk, gleichzeitig Maítre Chocolatier und Werksleiter, hat umfangreiche Untersuchungen zur Verwendung und Wirkung der diversen Schokoladenerzeugnisse angestellt.

GESCHMACKSNOTEN:

Die Victoria-Cremepralinen schmeckten frisch und waren von Hand gefertigt. Die sehr guten Fondants in den Geschmacksrichtungen Rum Nuß und Birne waren von edler Bitterschokolade umhüllt.

Sprüngli

BAHNHOFSTRASSE 21, 8022 ZÜRICH
TEL.: 0041-1-211 5777 FAX: 0041-1-211 3435

Sprüngli, nicht zu verwechseln mit Lindt & Sprüngli, ist eines der ältesten und berühmtesten Schokoladenhäuser der Welt. Begründet wurde es von Richard Sprüngli und ist noch heute – mittlerweile in sechster Generation – in Familienbesitz. Sprüngli erwarb nach einer Lehre beim besten Confiseur der Stadt die seit 1720 bestehende Konditorei Vogel in der Martgasse und gründete zusammen mit seinem zwanzigjährigen Sohn Rudolf die Confiserie Sprüngli. 1859 erfolgte der Umzug zum Paradeplatz, mittlerweile Zentrum der renommierten Bahnhofsstraße. Im Jahr 1870 hatte die Pralinenproduktion ein solches Ausmaß angenommen, daß die kleine Werkstatt am Paradeplatz zu klein wurde und die Produktion ausgelagert werden mußte.

Im Jahr 1892 teilte Rudolf Sprüngli die Geschäftsbereiche unter seinen beiden Söhnen auf: Johann Rudolf Sprüngli übernahm die Schokoladenfabrik, die heute Lindt & Sprüngli heißt, während David Robert Sprüngli die Confiserie am Parade-

TOP-TEN-SPRÜNGLI

ZUR INFORMATION:

BENOTUNG: ★★★

HERKUNFTSLAND: *Schweiz*

BEZUGSQUELLE: *11 Filialen im Einzugsgebiet von Zürich, die täglich beliefert werden; der Duty-free-Shop am Flughafen Kloten sowie weltweit über einen Express-Dienst*

PACKUNGSGRÖSSEN: *verschiedene*

SPEZIALITÄTEN: *Truffes du Jour, Champagner-Trüffel, Kokosnuß-Trüffel in weißer Schokolade; die nebenstehend beschriebenen Produkte sowie eine Reihe von Likörpralinen; außerdem Saisonartikel zu Weihnachten, Ostern und zum Valentinstag*

VERWENDETE KUVERTÜREN: *Lindt & Sprüngli*

platz weiterführte. Das Originalgebäude wurde 1909 wieder aufgebaut und dort das erste Café Zürichs eröffnet. Damals war es unüblich, daß Damen ohne männliche Begleitung ausgingen. Sprüngli hat also mit zur Lockerung der strengen Sitten beigetragen. In seinem Café ermöglichte er den feinen Damen, mit ihren Freundinnen Tee oder heiße Schokolade zu trinken. Heute ist das Café so populär wie eh und je, ein beliebter Treffpunkt, wo man sich an köstlichen Torten gütlich tut und dabei die neuesten Klatschgeschichten austauscht.

Sprüngli pflegt die Tradition handwerklich hergestellter Pralinen, Kuchen und Torten, und obwohl die Produktion inzwischen auf große Mengen eingestellt ist, wird weiterhin größter Wert auf die Liebe zum Detail und auf hochwertige Rohstoffe gelegt; nur die besten und frischesten Zutaten kommen zum Einsatz. Sprünglis Truffes du Jour werden täglich aus Schokolade, Sahne und Butter hergestellt und sind garantiert nie älter als 24 Stunden. Dank der über 150jährigen Erfahrung auf dem Gebiet der Schokoladenherstellung verfügt Sprüngli über ein ausgeklügeltes Kontrollsystem für den Warenbestand. Es funktioniert fast wie von selbst: Selten ist etwas ausverkauft, und ebenso ungewöhnlich ist Überproduktion.

Sprüngli ist sehr bemüht, alle im Ausland lebenden Züricher und andere Schokoladenliebhaber mit seinen Naschereien zu versorgen. Pralinenschachteln werden in alle Teile der Welt verschickt, wo sie nach 24 Stunden eintreffen. Die guten Beziehungen zu einem Express-Dienst tragen erheblich zur Exportsteigerung in diesem rasch expandierenden Geschäftszweig bei.

GESCHMACKSNOTEN:

Die verkosteten Pralinen gehörten zur Top-Ten-Auswahl, darunter auch Trüffel und das berühmte Pralinendreieck mit Kirschwasser, Karamel- und Nußpralinen. Alle Pralinenproben waren frisch, fein im Geschmack, nicht zu stark aromatisiert und zeugten von vollendeter Handwerkskunst.

TORRAS

CTRA. GIRONA BARCELONA, KM.15,
17844 CORNELLA DE TERRI, GIRONA
TEL.: 0034-972-58 10 00 FAX: 0034-972-58 09 09

Torras ist wohlbekannt durch seine Xocolata a la Pedra, eine steinvermahlene Schokolade mit Zimt und Maismehl, die an die Anfangszeiten der Schokoladenherstellung im frühen 17. Jahrhundert erinnert. Die Verpackung ist schlicht und täuscht darüber hinweg, daß Torras einer der bedeutendsten spanischen Schokoladenproduzenten ist. Einige Produkte sind erfrischend innovativ, so zum Beispiel das Schokoladenfondue. Es ist in einem Förmchen aus Ton verpackt und enthält exakte Anweisungen zum Schmelzen der Schokolade in der Mikrowelle – ein geschicktes Marketing!

Der Betrieb wurde im Jahre 1890 von Señora Dolores Torras gegründet, die mit einer Tagesproduktion von etwa 100 Kilogramm Schokolade begann. 1924 kaufte dann die Familie Costa das Unternehmen auf.